Teoria, crítica e criação literária

OUTROS TÍTULOS DA COLEÇÃO CONTEMPORÂNEA:
FILOSOFIA, LITERATURA & ARTES

A atualidade de Walter Benjamin e de Theodor W. Adorno,
de Márcio Seligmann-Silva

A tradução literária, de Paulo Henriques Britto

Canção popular no Brasil, de Santuza Cambraia Naves

Clarice Lispector: Uma literatura pensante,
de Evando Nascimento

Corpo em evidência: A ciência e a redefinição do humano,
de Francisco Ortega e Rafaela Zorzanelli

Ficção brasileira contemporânea,
de Karl Erik Schøllhammer

Literatura e animalidade, de Maria Esther Maciel

Machado de Assis: Por uma poética da emulação,
de João Cezar de Castro Rocha

Nietzsche, vida como obra de arte, de Rosa Dias

Poesia e filosofia, de Antonio Cicero

Evelina Hoisel

Teoria, crítica e criação literária
O escritor e seus múltiplos

ORGANIZADOR DA COLEÇÃO

Evando Nascimento

1ª edição

Rio de Janeiro
2019

Copyright © Evelina Hoisel, 2019

Capa: Regina Ferraz

CIP-BRASIL. CATALOGAÇÃO NA PUBLICAÇÃO
SINDICATO NACIONAL DOS EDITORES DE LIVROS, RJ

H663t
Hoisel, Evelina
 Teoria, crítica e criação literária: o escritor e seus múltiplos/Evelina Hoisel; organização da coleção Evando Nascimento – 1. ed. – Rio de Janeiro: Civilização Brasileira, 2019.
 208 p.

Inclui bibliografia
ISBN 978-85-200-0967-3

1. Literatura – História e crítica – Teoria etc. 2. Criação (Literária, artística, etc.). I. Título.

CDD: 801.95
CDU: 82.09

19-55785

Vanessa Mafra Xavier Salgado – Bibliotecária – CRB-7/6644

Todos os direitos reservados. É proibido reproduzir, armazenar ou transmitir partes deste livro, através de quaisquer meios, sem prévia autorização por escrito.

Texto revisado segundo o novo Acordo Ortográfico da Língua Portuguesa.

Direitos desta edição adquiridos pela
EDITORA CIVILIZAÇÃO BRASILEIRA
Um selo da
EDITORA JOSÉ OLYMPIO LTDA.
Rua Argentina, 171 – Rio de Janeiro, RJ – 20921-380 –
Tel.: (21) 2585-2000.

Seja um leitor preferencial Record.
Cadastre-se no site www.record.com.br
e receba informações sobre nossos
lançamentos e nossas promoções.

Atendimento e venda direta ao leitor:
sac@record.com.br

Impresso no Brasil
2019

Para Alberto, força de vida.

Sumário

Introdução – O escritor múltiplo na cena contemporânea … 9

1. Questões biográficas em rede de escritas … 41
2. Dramatizações de um intelectual múltiplo … 55
3. Escritores anfíbios: ficções críticas … 73
4. O leitor astucioso … 87
5. Bioficções: vozes expandidas … 101
6. Remarcando as cartografias do público e do privado … 113
7. Ler – ensinar: eis a questão! … 125
8. Os micropoderes de uma dramaturgia … 139
9. Interlocuções concretistas na cena da vanguarda … 151
10. (Auto)Biografias concretistas: desafios … 163
11. Fluxos e errâncias sígnicas … 175

Referências bibliográficas … 193

Agradecimentos … 207

Introdução

O escritor múltiplo na cena contemporânea

Os temas tratados neste livro, *Teoria, crítica e criação literária: o escritor e seus múltiplos*, refletem sobre a literatura contemporânea, elegendo a produção de escritores que conjugam a criação literária, a atividade teórica, crítica e acadêmica. Desde a segunda metade do século XX, a presença desse escritor múltiplo tem proliferado no cenário cultural brasileiro – e internacional –, propiciando instigantes construções do perfil de cada poeta/crítico-professor ou professor-poeta/crítico. Para traçar cada perfil, procura-se percorrer os constantes deslizamentos de temas, ideias, imagens a tecer os discursos produzidos por esses sujeitos que, ao atuarem na disseminação de seu projeto intelectual, recorrem a várias tipologias discursivas – a ficcional, a teórica, a crítica, a pedagógica.

O escritor múltiplo tem como antecedente o "poeta-crítico" da modernidade, conforme conceituado por Paul Valéry e pelos demais fundadores da modernidade. O poeta-crítico do início do século XX era simultaneamente escritor criativo, poeta, teórico e crítico. O escritor múltiplo, que emerge na segunda metade do século XX incorpora à sua atuação a atividade pedagógica exercida em instituições de ensino de nível superior, e esse dado é importante não só para distingui-lo do escritor do início do século XX como também para configurar outro ambiente cultural e acadêmico prevalecente a partir dos anos 1950 e 1960 no Brasil.

Nesse sentido, esta introdução procura delimitar as questões epistemológicas da segunda metade do século passado, redimensionando as concepções concernentes ao estatuto da linguagem e do sujeito, ao abrir a possibilidade para pensar a dramatização dos discursos. Essa possibilidade tem início com a modernidade, e a partir desse ponto se iniciam as discussões das teorias-críticas que permitem compreender os ensaios sobre o escritor múltiplo na cena contemporânea, objeto de estudo deste livro.

A modernidade artística é compreendida a partir de uma autoconsciência no que se refere à sua condição de arte. O traço particularmente moderno é a consciência dos limites e das possibilidades da linguagem. A arte moderna instala essa compreensão de forma radical e dramática, em virtude do deslocamento que opera em uma tradição constituída, neutralizando o caráter linguístico do fazer artístico.

Na literatura, essa problemática pode ser esclarecida com base na lírica de expressão, ou de confissão, que pressupunha uma identidade especular entre poesia e poeta, um espelhamento entre representação e valores culturais, uma empatia entre poesia e receptor. Essa concepção tradicional – romântica – da lírica é substituída por uma vertente com a marca da despersonalização, da dessentimentalização, na qual o eu poético é, como nos demais gêneros literários, a encenação de um sujeito que, ao encenar-se, assume diversas máscaras, desconstruindo-se e reconstruindo-se no jogo dramático que afirma o projeto estético e ético da modernidade.

O poeta moderno é aquele que, no processo de desconstrução e reconstrução, imprime marcas de sua consciência crítica no próprio espaço literário e é capaz de fertilizar também uma consciência crítica no leitor. O poeta moderno não é apenas poeta. Ele é também teórico, crítico e historiador da literatura. A consciência crítica germina no sentido de tornar a própria linguagem espessa, depositária de outras linguagens, acolhendo o discurso do teórico, do crítico e do historiador da literatura. E todas essas funções estão sintetizadas no "poeta-crítico", terminologia usada por Paul Valéry para denominar o poeta do início do século XX.

Existe, contudo, um elemento paradoxal na prática desse poeta-crítico. Se, por um lado, ele se arvora em realizar a teoria, a crítica e a história por meio da criação poética – e o empenho da produção literária da modernidade se efetua nessa direção –, por outro lado, ele parece desconfiar dos limites e possibilidades da linguagem poética para empreender tal tarefa. Dessa desconfiança resulta que o poeta-crítico assume outra linguagem, instala-se em outro espaço situado à margem do literário produzido paralelamente, suplementando-o. Nessa outra ordem de discurso, ele se torna também teórico, crítico ou historiador. A sua produção de linguagem se dá então em excesso. Excesso de significantes. Transbordar de significados. Duas ordens se superpõem: a literária e a não literária.

Diversos escritores, como T. S. Eliot, Paul Valéry, Ezra Pound, são herdeiros de fenômenos estéticos surgidos na literatura da segunda metade do século XIX, com Charles Baudelaire, Stéphane Mallarmé, Jules Laforgue, Tristan Corbière, Edgar Allan Poe, e nos legaram ensaios por meio dos quais é possível conhecer a sua concepção sobre a literatura e traçar as linhas de força constitutivas da poética da modernidade. Desde Baudelaire, a função poética e a função crítica se entrelaçam em uma autoconsciência que o artista, como herói da vida moderna, deve ter de sua arte. O texto literário desses escritores inscreve no seu tecido uma consciência crítica alicerçando a sua produção. O excesso de linguagem observada do lado do produtor – de poesia, de reflexão teórica e crítica – repercute no leitor, que se encontra diante de um vasto repertório de signos poéticos e não poéticos, os quais exigem uma leitura não compartimentada e não linear. O jogo da codificação solicita o da decodificação, e a leitura se torna uma esfera de múltiplas confrontações.

O que prolifera a partir desses fundadores da modernidade não é apenas a configuração de uma poética que pode ser apreendida por um leitor interessado nos processos de construção literária, que passa a sistematizar o que está dado de forma implícita no texto. O próprio texto, de maneira explícita, dramatiza essas questões, fornecendo as pistas da concepção através das quais foi escrito, constituindo-se, assim, como uma poética da criação. Contudo, esses autores situam-se também em outra ordem de discursos – os ensaios teóricos e críticos – por meio dos quais definem e apresentam a própria concepção acerca do fazer literário, constituindo aquilo que Edgar Allan Poe denominou de "filosofia da composição". Essa poética de produção fornece uma visão suplementar à poética da criação e atesta o excesso de significação e sentido resultante da consciência crítica exacerbada do escritor e – particularmente em relação aos fundadores da modernidade – do poeta moderno, que, por procedimentos diversos, passa por um processo de despersonalização e de deslocamento dos referentes empáticos, característica da literatura até o fim do século XIX.

Ainda que essa autoconsciência advenha da modernidade, em todos os períodos da história da literatura os escritores exerceram essa atividade teórica e crítica por meio da própria criação literária. Nos textos de Ésquilo, por exemplo, um dos primeiros tragediógrafos do mundo grego, constitui-se explicitamente uma teoria da tragédia, sua função, sua relação com o mito e o sagrado, como em *Coéforas*. Já naquela época, inicia-se também um filão teórico que se tornará privilegiado pela contemporaneidade: o da leitura, o da relação da escrita com a leitura, pela reinterpretação de mitos, textos etc.

Para caracterizar os poetas-críticos do início do século XX, que interessam na medida em que prenunciam questões ficcionais, teóricas e críticas abordadas ao longo das reflexões desenvolvidas nos capítulos deste livro, delineio aqui alguns aspectos para elucidar o posicionamento desses escritores no ambiente literário e cultural de seu tempo e a repercussão das suas ideias na segunda metade do século XX e nas primeiras décadas do XXI.

Elejo dois desses escritores para delinear alguns aspectos que promovem produtivos desdobramentos na contemporaneidade: Paul Valéry e T. S. Eliot. Ambos situam-se na vertente do criticismo literário definido por Valéry e privilegiado por T. S. Eliot: o poeta-crítico. Em ambos, a atividade crítica é gerada pela produção poética, havendo entre teoria e prática um constante inter-relacionamento, uma contínua diluição de fronteiras discursivas. Todavia, se as reflexões de T. S. Eliot se encaminham no sentido de definir a função e a natureza da literatura, de compreender e elucidar as obras em si, de situar cada obra ou conjunto de obra na tradição literária, a poética de Paul Valéry está voltada para a apreensão do processo criador. Esta é a excepcionalidade de sua poética, herdada de "A filosofia da composição", de Edgar Allan Poe (1997), e se torna, segundo T. S. Eliot, uma questão obsessivamente perseguida por Valéry e lhe confere um valor documental, enquanto em Poe era apenas um tema entre tantos outros.

Poe é, portanto, considerado um arauto dessa concepção. Seus ensaios, como "A filosofia da composição" e "O princípio poético", são antológicos das proposições que destacam o valor da consciência crítica do escritor e influenciaram uma linhagem de poetas, como Baudelaire, Mallarmé, Valéry, Eliot etc., bem como os brasileiros Manuel Bandeira, João Cabral de Melo Neto, Haroldo e Augusto de Campos, entre outros. Esses poetas se tornam assim críticos e intérpretes da própria criação e dos escritores de seu tempo.

Nos textos de Valéry, na sua busca incessante de um método capaz de explicitar o processo criador, T. S. Eliot encontra as marcas da consciência crítica da modernidade, não consideradas pelas gerações anteriores. Para ele, Paul Valéry é o poeta "mais completamente lúcido, talvez pudesse dizer, o mais próximo da lucidez", "é o poeta representativo, o símbolo do poeta da primeira metade do século XX" (ELIOT, 1956, p. 79). Na leitura empreendida dos textos de Valéry, em que nos apresenta o poeta francês, como na "Introdução" à *Arte poética*, e em "De Poe a Valéry", Eliot se detém nas lições de poética, destacando a importância da consciência crítica do escritor.

Ao indagar tão obstinadamente sobre o próprio processo criador, Valéry define postulações basilares para o entendimento da literatura e da arte, e Eliot reconhece o quanto aprendeu de seu processo através de Valéry. Eliot destaca o "valor documental" dessa produção, cujos ensaios foram escritos em circunstâncias variadas, atendendo solicitações e pressões externas, mas sempre perseguindo um tema das reflexões de Valéry. Disso resulta a credibilidade dos ensaios do poeta francês, que Eliot opõe ao caráter forjado de "A filosofia da composição", de Edgar Allan Poe, fonte de inspiração de Valéry. Se em Valéry a teoria e a crítica estão em consonância com a criação, inter-relacionando-se mutuamente, o mesmo não se pode afirmar em relação a Poe. Contudo, Eliot aponta "direções perigosas" nos ensaios de Valéry, e essas questões representam pontos de confrontações entre as duas concepções de poética: a de Eliot e a de Valéry.

A definição de poesia de Valéry, herdada de Mallarmé, configura um ideal de linguagem próximo de uma álgebra matemática, no qual a linguagem, na busca incessante de perfeição, afasta-se cada vez mais do seu caráter instrumental, em direção a uma poesia pura. No ensaio intitulado "Stéphane Mallarmé", Valéry cita a música como exemplo de uma linguagem cujos signos têm uma autonomia não existente nos signos da poesia, cuja composição constrói um sentimento sem modelo. Já a concepção de poética de T. S. Eliot se alicerça em uma definição de poesia cuja base e cujo material são a própria língua tal como é falada em um determinado momento em uma sociedade. Se a idealidade que caracteriza a poética de Valéry dá continuidade a uma tradição de poesia advinda de Poe, Baudelaire e Mallarmé, Eliot se coloca como pertencente a uma tradição irônico-coloquial originária de Laforgue e Corbière.

Os confrontos entre as proposições de Valéry e Eliot se acentuam e reverberam nos escritores da segunda metade do século XX. Valéry configura uma poesia abstrata, ideal, absoluta, despojada de elementos ou signos que traduzem uma concretude, uma cotidianidade, e cuja metáfora do poeta cientista e solitário, fechado em seu laboratório clínico, expressa esse isolamento como forma de descontextualização do social. T. S. Eliot acentua a importância do ponto de partida, do material a ser trabalhado, depurado, recriado. E, nesse ponto de partida, está o compromisso do poeta com o social, do escritor com as palavras, o seu vínculo com o seu contexto.

Na poética de Valéry, o conceito de "poesia pura", "poesia absoluta", solicita à linguagem da poesia um despojamento dos recursos e procedimentos próprios da prosa, pressupondo assim uma pureza entre os gêneros. Para Eliot, o processo de contaminação é inevitável, e a poesia deve se alimentar dos procedimentos da prosa e se construir a partir de uma mesclagem entre diversas formas e dicções linguísticas, como o seu poema "The Waste Land", uma lição exemplar dessa impureza. Eliot desloca o conceito de "impureza" de Poe e de Valéry, delimitando-o não pela mistura de tons e de dicções, porém, a partir daquilo que podemos definir como uma não motivação entre os diversos elementos e procedimentos estruturadores do texto. Pressupondo uma hibridização entre poesia e prosa, Eliot anuncia e propaga uma característica crucial da literatura no século XX, adentrando pelo século XXI, no que diz respeito à ruptura entre os diversos gêneros e formas.

Paul Valéry e T. S. Eliot, como poetas-críticos, propõem uma das questões teóricas mais fecundas da modernidade, ampliadas na contemporaneidade: o escritor já não é o detentor do "verdadeiro" significado do seu texto; é um leitor, uma voz que articula um emaranhado de fios a tecer uma figura criada na malha textual. A consciência crítica desses escritores manifesta-se na permanente atitude autorreflexiva expressa na própria criação literária e nos ensaios teóricos e críticos que escreveram. Desse aspecto resulta a superabundância de significantes e de significados dessa produção, em que os signos remetem a signos, em um jogo incessante, da própria linguagem. No Brasil do modernismo, verifica-se a repercussão dessas ideias em Mário de Andrade, Oswald de Andrade, Manuel Bandeira, entre outros escritores e intelectuais considerados na cena cultural como poetas-críticos.

Na lírica de Manuel Bandeira, poemas como "Poética" e "Nova poética" são elucidativos dessa construção de uma teoria realizada no próprio tecido literário. Entretanto, Bandeira, como poeta da modernidade, deixou no seu *Itinerário de Pasárgada* lúcidas considerações sobre o seu processo literário, legando ainda vários ensaios críticos sobre outros escritores e sobre a arte em geral. Pode-se observar no "Itinerário" de Bandeira várias referências aos poetas fundadores da modernidade, como Mallarmé, T. S. Eliot, Paul Valéry, com os quais compartilha diversas concepções. Em relação a Valéry, por exemplo, refere-se à "primeira condição que ele se impunha no trabalho de criação poética: *le plus de conscience possible*" (BANDEIRA, 1993, p. 39). Bandeira cita e recita muitas outras noções do poeta francês, como aquela que define a poesia como linguagem, ou ratifica aquelas que abalam a figura do autor como autoridade, uma instigante questão presente nos textos de Valéry, com forte ressonância na contemporaneidade.

Os poetas-críticos pertencem a uma situação limiar, na qual ocorre o fechamento da visão de mundo positivista e causalista, a qual pressupõe um espelhamento do texto em relação ao "real", e cujo foco mais forte recai sobre a pessoa do autor, gerando a noção de biografismo literário como afirmação de um princípio teleológico: é o autor, o pai, que detém o verdadeiro sentido do seu texto. É, todavia, a problemática da linguagem a principal protagonista das questões postas nas ciências humanas no início do século XX, promovendo uma ruptura com a tradição teórico-crítica estabelecida, deslocando a própria noção de biografismo e propiciando o redimensionamento dos processos artísticos e culturais que aí se verificam, repercutindo de forma vigorosa na segunda metade do século XX, com os pensadores pós-estruturalistas.

A releitura das concepções de Nietzsche, Marx, Freud, Heidegger, Lévi-Strauss e Saussure, na segunda metade do século XX, empreendida por Jacques Derrida, Michel Foucault, Roland Barthes, Gilles Deleuze e Julia Kristeva, possibilita revisitar noções postas pelos poetas-críticos. Reflexões de Valéry prenunciam aquilo que Roland Barthes denomina "a morte do autor" – como sujeito empírico e pessoa humana – e Jacques Derrida, "a natureza parricida de toda escrita". No ensaio "A morte do autor", escrito em 1968, Roland Barthes (1987b) chama a atenção para a poética de Mallarmé, que suprimiu o autor em proveito da escrita, e para a de Valéry, que não cessou de questionar a figura do autor, afirmando o caráter linguístico da atividade literária e artística. Michel Foucault (1992) recorre também às poéticas de Mallarmé e de Valéry, atestando que, desde o aparecimento desses escritores, o autor encontra-se submetido à clausura transcendental.

Jacques Derrida configura a escrita a partir do seu gesto parricida: ela assassina o pai-autor, definido por esse pensador como um princípio teleológico (origem e fim da escrita), elemento exterior ao texto, mas a direcionar o olhar do leitor na superfície textual. Derrida desconstrói a palavra ameaçadora e autoritária do pai em sua leitura sobre o *Fedro*, no texto intitulado *A farmácia de Platão* (1991). Valendo-se de conceitos platônicos referentes à presença controladora do "pai", desvelando e desconstruindo as relações da escrita e a metáfora paterna como centro controlador do saber, Derrida utiliza metáforas biológicas para definir estas relações: a escrita assassina o próprio pai. O texto, como tecido, insemina-se e dissemina-se longe do olhar paterno.

Contudo, paradoxalmente, o deslocamento de uma relação causalista permite conceber vínculos indissolúveis entre o escritor e sua produção, explicitando-se o caráter biográfico de todo objeto do conhecimento produzido pelo homem, seja artístico, seja científico. Tornou-se antológica a afirmação de Valéry (1991, p. 204): "Na verdade, não existe teoria que não seja um fragmento cuidadosamente preparado de alguma autobiografia." Essa afirmação ganha uma dimensão bastante ampla na contemporaneidade, reconfigurando o conceito de biografia e de autobiografia em seus múltiplos desdobramentos ficcionais: autoficção, bioficção, alterficção, heteroficção.

No campo do saber mobilizado pela desconstrução e pelos descentramentos, rompem-se as fronteiras entre ficção e vida e são revistos os laços operacionais entre ficção e teoria, ficção e crítica. Esses territórios discursivos se entrelaçam pela dramatização de um sujeito que atravessa a cena da linguagem, seja ela do discurso ficcional, seja do teórico-crítico. Nesse sentido, a metáfora teatral configura-se como procedimento constitutivo das manifestações discursivas. A lição da psicanálise freudiana, ao definir o cenário psíquico como um palco no qual o sujeito se representa como um ator a assumir diferentes papéis, traça para os discursos outras possibilidades de compreensão do estatuto do sujeito constituído na malha textual, seja ele escritor criativo, seja teórico-crítico. A própria psicanálise, definida como uma ficção teórica, propicia redimensionar os limites entre ficção e ciência, dando visibilidade ao processo de dramatização do saber.

Por sua vez, nas relações entre literatura e psicanálise estabelecidas por Freud, observa-se um sistema de trocas, em que conceitos e imagens, próprios a cada discurso, transitam de um domínio para o outro, deslocando as concepções de propriedade autoral, plágio, autoria, e colocando em pauta a problemática dos limites discursivos. No caso específico, os limites entre psicanálise e literatura. Essas questões tornam-se cruciais para a compreensão dos projetos intelectuais dos escritores discutidos nas abordagens efetuadas ao longo deste livro.

Limiares, trânsitos e migrações discursivas

O aparecimento dessas configurações na segunda metade do século passado correlaciona-se: ao processo de desierarquização das produções culturais e das formas literárias; à apropriação e operacionalização do conhecimento de outros territórios ou de outras disciplinas; e ao trânsito não nitidamente demarcado entre linguagens distintas, relativizando – ou mesmo revertendo – valores, conceitos, formas, gêneros. Atendo-nos inicialmente à palavra "limiar" neste contexto, não podemos pensá-la sem correlacioná-la às concepções de trânsito entre linguagens e saberes, limites de linguagem.

A noção de "limiar" impõe a de "fronteira", a necessidade de estabelecer a demarcação que separa territórios geográficos e linguísticos. É a linha que determinará – ou prescreverá – uma parada, um momento de suspensão no qual é necessário se deter, mas também possibilita a ultrapassagem, a travessia, a transgressão. O limiar pode ser considerado o ponto de interseção entre o indiferenciado e o diferenciado, conectando o dentro e o fora, o interior e o exterior, a separação e a junção de territorialidades linguísticas ou de lugar do saber.

Se nos referimos a territórios linguísticos como geográficos, o termo "limiar" estabelece os traços e os limites que constituem uma identidade, um corte, uma ruptura, mas acena também para a possibilidade de entrecruzamentos. Desse modo, define-se como o ponto de tensão entre continuidade e descontinuidade, passagem de um mesmo para o outro, fazendo emergir nessa esfera a necessidade de comparar realidades geográficas, culturais e linguísticas diversas, bem como de estabelecer métodos adequados para a avaliação de distintos processos de organização, de produção de linguagens e saberes.

A noção de limiar evidencia-se na reversão de valores operada no pensamento ocidental, o qual fragmentou continuidades, abalou hierarquias, diluiu fronteiras e desvelou os pressupostos etnocêntricos com os quais as ciências humanas estabeleciam suas categorias e organizavam seus saberes, delimitando o alcance e o âmbito de sua atuação.

Como um entre-espaço a congregar o dentro e o fora, a questão dos limiares críticos aponta para metodologias de leitura, de avaliação e de conhecimento disseminados no âmbito dos estudos literários e das ciências humanas na segunda metade do século XX. Muitas delas articulam, no próprio significante linguístico esse trânsito através de espaços: intertextualidade, intersemiose e interdiscursividade, transdiscursividade, interdisciplinaridade e transdisciplinaridade. Esses termos – ou conceitos – definem o movimento que transborda de fora para dentro e ultrapassa fronteiras. Colocam também a necessidade metodológica, não hierarquizada e transitória de demarcar o ponto de abertura para a multiplicidade, a diversidade, e de estabelecer as marcas de reconhecimento da especificidade, da particularidade e da singularidade.

A palavra "limiar" ganha um estatuto relevante no movimento que assinala a desconstrução da metafísica ocidental. Em *A arqueologia do saber*, ao refletir sobre a história das epistemes, Michel Foucault (1972) recorre à noção de descontinuidade com a qual Gaston Bachelard estabeleceu sua busca de linhagens conceituais. Às "falsas continuidades", supostamente existentes entre ideias muito remotas em sua conjuntura intelectual e histórica, Bachelard (1934) opõe a noção de "descontinuidade", de corte epistemológico, deslocando a visão triunfalista, linear, da perspectiva científica, ao dar ênfase aos "obstáculos epistemológicos".

Bachelard também rejeita a ideia cartesiana da existência de verdades científicas imutáveis, reveladas progressivamente a um sistema de saber que conhece o crescimento, mas não a mudança estrutural. Recorrendo a essa concepção de Bachelard, para efetuar a sua arqueologia do saber, Michel Foucault (1972, p. 16) assinala que, para a história em sua forma clássica, o descontínuo era, ao mesmo tempo, o dado e o impensável. "Era o estigma da dispersão temporal que o historiador se encarregava de suprimir da história", no sentido de estabelecer uma continuidade, uma semelhança, uma totalização entre vastas unidades descritas como épocas, séculos, tradições e gêneros.

Pressupor a descontinuidade é aceitar uma visão cesural, não linear ou simplesmente não cumulativa da história. É trazer à cena do discurso da história – e, portanto, das ciências humanas – os conceitos de "limiar", "ruptura", "corte" e "transformação". A história tradicional busca ligações entre acontecimentos dispersos, detendo-se e enfatizando a continuidade que os atravessa, ou realçando a significação do conjunto que acabam de formar. Às questões daí decorrentes impõe-se, na zona dos *limiares epistemológicos*, isto é, da descontinuidade dos *atos epistemológicos*, interrogar sobre a incidência das irrupções dos acontecimentos, dos deslocamentos e transformações.

Nesse flanco aberto pela arqueologia das ciências, da *episteme*, os limiares críticos são demarcações traçadas pelo intérprete/leitor e cabe a ele redimensionar e distribuir os acontecimentos, instalar e deslocar fronteiras, pois a existência dos limiares pressupõe a contiguidade e a não contiguidade das dicções e das representações. O olhar móvel do observador/intérprete institui o saber móvel (ou a mobilidade dos saberes), diluindo contornos prefixados e desconstruindo modelos prévios.

O que se afirma, em primeira instância, é a ausência de modelos, de antecedentes, de limites fixamente estabelecidos. No entrecruzamento dessas instâncias, os discursos sobre o literário se constituem, no final do século XX. Em tal conjuntura teórico-crítica, ao intérprete se concede a capacidade ou a possibilidade de desvelar limiares, retraçar territorialidades literárias e não literárias, destecer os feixes das relações textuais ou intertextuais, instalar a margem na qual o limite rasura e se perde. O fora e o dentro se reescrevem e não se separam.

Na guerra – ou no diálogo – das linguagens e dos saberes, o limiar é o (não) lugar que propicia as idas e as vindas, o trânsito através dos textos, das culturas, das territorialidades linguísticas e geográficas. Deslocou-se, assim, a lógica pela qual o pensamento clássico operou as dicotomias, as exclusões e as hierarquias.

No seu projeto de desconstrução, Jacques Derrida, por exemplo, rompe com a relação hierárquica que previamente determinava o conceito de literatura, reinscrevendo a distinção entre obras literárias e não literárias dentro de uma estrutura ou textualidade geral, procedendo à leitura literária de textos filosóficos e à leitura filosófica de textos literários, e permitindo assim que esses discursos intercomuniquem-se. É com essa estratégia de leitura que Derrida discute filosoficamente o projeto dramático e textual de Antonin Artaud, em *A escritura e a diferença*, ou interpreta a *Crítica da faculdade do juízo*, de Immanuel Kant, como se fosse uma obra literária, questionando, todavia, os próprios limites da literatura.

Além de atuar sobre a noção de literatura, deslocando suas fronteiras e instalando outros limiares interpretativos, o projeto de desconstrução de Jacques Derrida tem um impacto sobre vários conceitos críticos, pelo rompimento de hierarquias filosóficas subjacentes. Como exemplo, destaca-se a desconstrução da oposição entre o literal e o metafórico, o que propicia considerar a figurabilidade de todo discurso, isto é, considerar as raízes figurativas das afirmações literais. O mesmo gesto abala a noção de mimese, a qual envolve oposições hierárquicas entre objeto e representação, entre original e cópia. No espaço de reversão do platonismo, como propõe Gilles Deleuze (1974), a cópia e o simulacro, recalcados durante séculos, revelam sua rebelião e deslocam os modelos absolutos. O simulacro é a própria dissimilitude, a diferença, relegando para segundo plano a identidade e a semelhança.

Nas relações entre literatura e psicanálise, conforme esboçado anteriormente, já é bastante disseminada a ideia de que não só a psicanálise contribui decisivamente para redimensionar os discursos sobre a literatura – teoria e crítica –, como também o enfoque da psicanálise, pelo crivo da ficção, contribui para a mudança de perspectiva realizada pela crítica na relação interdisciplinar, já que o imaginário próprio à literatura fornece subsídios para se compreender a psicanálise como ficção teórica. Se a obra de Freud tem sido considerada ficção teórica ou um romance teórico, pela produção de conceitos retirados da ficção, sua história familiar desvela-se como um texto que contracena com sua produção, ampliando o trânsito entre territorialidades linguísticas distintas, por sucessivas migrações de conceitos e metáforas.

Contudo, Gilles Deleuze e Félix Guattari, em *Mil platôs: capitalismo e esquizofrenia*, denunciaram a lógica binária de determinadas disciplinas, como a psicanálise e o movimento estruturalista. Segundo os autores, a psicanálise freudiana submete o inconsciente a estruturas arborescentes, a grafismos hierárquicos, a órgãos centrais. Deleuze e Guattari consideram que a metáfora da árvore dominou o pensamento ocidental como seu fundamento, pois a lógica binária, a qual sustenta a reflexão clássica, pode ser compreendida a partir da metáfora da árvore cuja raiz se adentra verticalmente na profundidade da terra.

De constituição diferente, Deleuze e Guattari afirmam que o Oriente apresenta outra configuração: uma cultura por tubérculos, que procede por fragmentação. Sua visibilidade nos é dada pela metáfora do rizoma. Com a indeterminação da figura do rizoma, eles propõem uma teoria das multiplicidades, capaz de teorizar o plural, a ciência aleatória, o modelo problemático. Se a árvore impõe o verbo "ser", o rizoma tem como tecido a conjunção "e... e... e...". Por meio dessa configuração imagética, *Mil platôs* define o pensador pelo nomadismo intelectual, caminhando em fluxos espiralados. O platô amplia essa indeterminação do rizoma, pois "um platô está sempre no meio, nem início, nem fim" (DELEUZE; GUATTARI, 2011, p. 44). Um rizoma é feito de platôs, assim configurado por Deleuze e Guattari: "Chamamos 'platô' toda multiplicidade conectável com outras hastes subterrâneas de maneira a formar e estender o rizoma." Sob esse prisma, em outro livro que marcou época, *Kafka: por uma literatura menor*, Gilles Deleuze e Félix Guattari (1977) encontram nos textos de Franz Kafka a ação rizomática de desconstruir a língua alemã em seu trabalho subterrâneo, marginal, desterritorializado em relação à língua literária estabelecida.

Com o intuito de interligar os platôs desse rizoma-pensamento que passa a se disseminar no Ocidente, até então ordenado pelos critérios de "unidade", de "semelhança", da busca de uma identidade a partir de raízes ancestrais, impõem-se o "múltiplo", a "diferença", as interligações, os agenciamentos, desde critérios que desvelam os processos de recalcamento, forças atuantes em momentos diversos de uma história, proporcionando a eleição de determinados valores em detrimento de outros. A transvaloração que se realiza na segunda metade do século passado se processa a partir da releitura do pensamento de Nietzsche pelos pensadores do assim chamado "pós-estruturalismo", como Deleuze e Guattari, Foucault, Derrida.

Ao efetuar a leitura do texto antropológico, principalmente sobre a noção de "mito de referência" trabalhado por Lévi-Strauss, Jacques Derrida (1971), no ensaio. "A estrutura, o signo e o jogo no discurso das ciências humanas", extrai lições metodológicas cruciais para se repensar o sistema metafísico e o estatuto da linguagem. A partir da denúncia e da reversão do princípio teleológico que sustentou a metafísica da presença, Derrida afirma o caráter infinito da linguagem e, portanto, da interpretação, em que os signos não remetem para nada fora deles mesmos, pressupondo o jogo de remissões substitutivas no campo da linguagem. O estabelecimento de um centro provisório é uma decisão de leitura, uma estratégia de interpretação. O centro é, portanto, provisório, precário e, sobretudo, ideológico. A noção nietzschiana do signo desvelado pela leitura de Deleuze (1976) em *Nietzsche e a filosofia* considera que um signo, um acontecimento, uma coisa têm tantos significados quantas forem as forças que dele se apoderam em um determinado momento.

Constata-se então a impossibilidade de se aprisionar o real, de possuir o real, pois vivemos no campo infinito da linguagem, no espessamento labiríntico dos signos da "biblioteca de Babel", em que tudo já é interpretação, ou melhor, interpretação de interpretações – esfera do precário, do transitório, da mobilidade incessante, das substituições sucessivas. Essa é a esfera da linguagem, território no qual a literatura se constitui, mas em que executa também um trabalho laborioso de trapaça com a língua, enquanto desempenho da linguagem, lugar no qual servidão e poder se confundem inelutavelmente, como assinala Roland Barthes (1980) em *Aula*. A lição barthesiana tem ampla ressonância no que diz respeito ao projeto da literatura, pois, em sua concepção, "a literatura faz girar os saberes; não fixa, não fetichiza nenhum deles".

Essas questões se constituem como algumas das preocupações do pensamento contemporâneo, das teorias contemporâneas, rediscutidas nos meios acadêmicos em seus múltiplos enfoques de abordagem. Em diversas ocasiões, procurou-se evidenciar a fragilidade de seus pressupostos, a indeterminação metodológica de sua atuação e a problemática que atravessa os limites ilimitados das teorias, sendo constantemente estudadas fora do território de sua própria matriz disciplinar. De maneira bastante rica, problemática e paradoxal, é sob a perspectiva desse prisma caleidoscópico que histórias foram revisitadas e reconstruídas, identidades culturais reconfiguradas, e a constituição do sujeito e sua relação com a linguagem foi problematizada.

A cena do sujeito no espetáculo da escrita

As concepções sobre as quais essas reflexões têm se detido, especificamente a respeito da problemática da linguagem, foram alvo de acirradas críticas pelos deslocamentos que promoveram, tanto em relação ao sujeito quanto ao contexto histórico-cultural. O que foi considerado perda da referencialidade, desdobrada no desaparecimento do real, ou na morte do autor, é um dos pontos mais vulneráveis, mais polêmicos das teorias da segunda metade do século XX. Em *Re-pensando a teoria: uma crítica da teoria literária contemporânea*, Richard Freadman e Seumas Miller (1994) consideram como foco para a crítica ao paradigma dessas teorias os seguintes pontos: um repúdio às concepções fundamentais do sujeito, quer se trate de autores, quer de entidades sociais em geral; uma negação do poder referencial da linguagem e dos textos literários; um repúdio aos discursos essenciais de valor, tanto morais como estéticos. Consideram então por que essas teorias foram denominadas de *anti-humanismo construtivista*: anti-humanistas, pela rejeição das concepções essenciais de sujeito individual e do discurso valorativo; e construtivistas, por supor que a linguagem e a ideologia "constroem" o mundo. Diante dessas colocações, verifica-se como os autores de *Re-pensando a teoria* ainda estão baseados em conceitos e valores tradicionais sustentadores do humanismo clássico, executando por essa via uma crítica conservadora e equivocada às questões postas pelo pensamento pós-estruturalista.

Todavia, no bojo dessas configurações são revertidos os conceitos tradicionais de biografia e de autobiografia, um dos focos mais privilegiados pela crítica positivista, que se adentrou pela primeira metade do século XX. É também pelo viés da linguagem como cenário de múltiplas cenas, no qual atuam personagens, ideias, signos, forças de uma experiência individual e coletiva, que é possível, na atualidade, compreender, em outra dimensão, as relações entre o texto e o autor, a literatura e o contexto sociocultural no qual circula. Fala-se, hoje, em "o retorno do real", "o retorno do autor". Evidentemente, trata-se de um real e de um autor revisitados pelas teorias pós-estruturalistas, e jamais a mesma concepção de real e de autor prevalecente no pensamento positivista.

Nessa órbita de considerações, um texto não é apenas um produto de um sujeito ou de uma cultura. O autor não é o pai do texto, pois não representa mais uma autoridade a lhe conferir sentido. Se a linguagem é encenação de um sujeito, como concebeu Freud, rompem-se os limites entre as ordens discursivas, e o ficcional torna-se uma marca a atravessar vários territórios linguísticos. A utilização da metáfora teatral na caracterização do sujeito como ator no palco da linguagem dilui a demarcação das fronteiras que separam, por exemplo, o discurso ficcional do teórico ou do crítico, expondo o lado de espetáculo da escrita. Ficções teóricas e ficções críticas proliferam na literatura contemporânea, exibindo os múltiplos modos de constituição do sujeito, quer seja como autor, ator, ou melhor: a(u)tor.

Roland Barthes (1980), na sua já citada aula inaugural no Colégio de França, afirma que o saber dramático – o texto, a escrita – suplanta o saber epistemológico, esclarecendo: "Porque a literatura encena a linguagem, em vez de simplesmente utilizá-la, ela engrena o saber no rolamento da reflexividade infinita: através da escritura, o saber reflete incessantemente sobre o saber, segundo um discurso que não é mais epistemológico, mas dramático." Barthes, com essas declarações, retira do discurso crítico o teor de cientificidade que caracterizou não só a crítica positivista, mas o próprio estruturalismo dos anos de 1960, do qual ele havia sido um dos principais líderes. A análise semiológica barthesiana questiona os limites fixos entre ficção e real, e a sua concepção de texto compreende a realidade da obra artística, como a ficcionalidade da vida real. Afinal, desde a lição nietzschiana, a linguagem perde seu sentido próprio e é uma interpretação, uma metáfora que se impõe às coisas, revelando-se assim o seu caráter de ficcionalidade. Roland Barthes segue essa lição ao pressupor que não existe nenhum discurso não ficcional.

Nesse contexto teórico em que os limites entre ficção e "realidade" são questionados, deslocam-se também os conceitos de biografia e autobiografia, instalando-se outras modalidades discursivas que respondem de maneira mais positiva às questões teóricas da contemporaneidade. Biografia e autobiografia são tipologias privilegiadas pela crítica positivista do século XIX e, como tal, foram constantemente pensadas pelo teor de veracidade e de fidelidade do seu relato. Ainda no século XX, Philippe Lejeune (1975), nas suas diversas reflexões sobre essa problemática, discute essas tipologias a partir daquilo que ele denomina de "pacto autobiográfico", confirmando a assertiva de que esses gêneros se caracterizam pelo compromisso com a verdade, ou seja, pelo pacto de verdade que estabelecem com o leitor. As reflexões de Lejeune tornaram-se referência para se definirem essas modalidades discursivas, as quais se consagraram na tradição literária pela reconstituição de uma vida, de modo geral uma vida exemplar, tendo por objetivo o valor documental dos fatos narrados.

Como uma espécie de provocação ao conceito de pacto elaborado por Lejeune, Serge Doubrovsky (1977) propõe o termo autoficção para denominar seu romance *Fils*, uma narrativa na qual os nomes do autor, do narrador e do personagem protagonista coincidem, simulando-se aí a vida privada do próprio Doubrovsky. Ao dar ao personagem do romance o seu próprio nome, Doubrovsky cria uma ambiguidade no contrato da leitura, revertendo o pacto de verdade que sustenta as categorizações de Lejeune, fazendo prevalecer a aventura da linguagem, em um jogo de constantes ambivalências, e pondo em suspensão os critérios de autenticidade e de verdade.

Por sua vez, na autoficção, a intenção não é a reconstituição de uma vida na sua totalidade. Trata-se de captar os fragmentos de uma vida, os instantâneos que rabiscam a presença de um sujeito no texto. A noção de "biografema" de Roland Barthes, conforme esboçada em *Sade, Fourier, Loyola* e em *A câmara clara*, é crucial para se compreender a constituição das autoficções e das biofreções no contexto da contemporaneidade. Essa noção promove assim o retorno do sujeito ao palco da escrita, retirando, contudo, o seu teor confessional e apagando a concepção de sujeito metafísico, uno e totalizante. O livro de Barthes, *Roland Barthes por Roland Barthes*, constitui essa autobiografia feita de fragmentos da vida de um eu, disperso e múltiplo, uma invenção constante em seu devir. Desse modo, na contemporaneidade, o sujeito se torna uma ficção e é assim que ele retorna ao espetáculo da escrita, retirando as vestes da ilusão cênica.

Philippe Gasparini (2014), em seu ensaio "Autoficção é o nome de quê?", traça algumas características importantes da autoficção – pode-se considerar também da biofreção – para pensar textos literários contemporâneos: inicialmente, ele destaca que a autoficção revigora um debate apaixonante e apaixonado sobre os limites da literatura. Por sua vez, a autoficção evidencia que não é possível se contar sem construir, selecionar, amplificar, reconstruir, inventar, ficcionalizar. Além disso, ela se caracteriza por uma ética fundada na dúvida sistemática quanto à exatidão dos fatos e a boa-fé do próprio autor, criando variadas estratégias de imprecisão e de dúvida e até de indecidibilidade. Como uma escrita de si, como uma ficção de si, uma projeção do autor em situações imaginárias, a autoficção foi designada, pelo próprio Doubrovsky, uma "autobiografia pós-moderna", e diversos estudiosos do gênero –

seria mesmo um gênero? – o definem relacionando-o a textos da contemporaneidade: narrativas fragmentadas, descentradas, dramatização de sujeitos instáveis, de identidades precárias, em constantes processos de construção e reconstrução de si. Talvez, por exibir tais características, Evando Nascimento (2010, p. 201) afirme que a autoficção pode reunir em "um mesmo sujeito diversas 'funções' ou, antes, diversas máscaras profissionais: o escritor, o professor, o ensaísta, o pensador".

O escritor múltiplo

Embora, na segunda metade do século XX, a década de 1970 seja marcada por um recrudescimento da repressão política no Brasil, nota-se um significativo fortalecimento das ciências humanas, sobretudo com a abertura de diversos cursos de pós-graduação, que renovam o instrumental da teoria da literatura, estimulados por uma prática interdisciplinar vinda na esteira do estruturalismo, cuja metodologia de comparação entre sistemas promove um diálogo com outros discursos, como o antropológico e o mítico. Nesse sentido, o diálogo com a antropologia lévi-straussiana favorece o descentramento dos valores etnocêntricos, ao passo que o interesse pelas produções populares e pelas manifestações das minorias reverte o conceito de universal estruturalista na contextualização da diferença, valorizando, assim, o vínculo entre o discurso particular e os aspectos políticos da cultura na qual se insere. Esses fatores concorrem para que a crítica cultural, iniciada na Inglaterra na década de 1950 e fortalecida no final da década de 1970 nos Estados Unidos, se efetivasse no Brasil juntamente com a renovação dos estudos de literatura comparada.

O considerável aumento dos cursos de pós-graduação e a criação da Associação Brasileira de Literatura Comparada (Abralic), no final da década de 1980, contribuem para o revigoramento da literatura comparada, bem como para a intensificação da prática interdisciplinar, evidenciando a problemática crítico-teórica dos (des)limites discursivos e o problema metodológico da avaliação dos trânsitos entre linguagens e saberes. Mais do que a fragmentação que abalou os limites outrora afixados entre os campos discursivos e da qual se impôs a perspectiva de uma terra devastada (na emblemática *imageria* moderna de Eliot), a contemporaneidade nos chama para as interconexões entre os fragmentos, para o desvelar de limiares deslocados, deixando um rastro de pontos de tensão em um espaço/movimento de transformação incessante.

Nesse momento em que o poeta crítico se torna um articulador de múltiplos limiares se inserem as pesquisas desenvolvidas pelo projeto "O escritor e seus múltiplos: migrações", o qual investe no estudo de um perfil de escritor criativo que articula a esta atividade a ação acadêmica como docente e produtor de teorias e reflexões críticas sobre a literatura, a arte e a cultura de maneira geral. Nessas pesquisas, investigam-se materiais diversos, entre os quais textos ficcionais, teóricos, críticos, documentos, aulas públicas, trabalhos acadêmicos, dados autobiográficos, entrevistas, depoimentos, linhas de pesquisa, leituras, formação de grupos, vídeos e arquivos pessoais. A partir desses materiais, são analisadas as coordenadas teóricas e os projetos criativos desenvolvidos pelos escritores, individualmente, tendo como meta observar como eles se aproximam e como se diferenciam na construção do seu projeto de intelectual múltiplo.

Tais estudos têm feito um levantamento dos escritores que configuram o perfil "múltiplo" e se tornam cada vez mais presentes no contexto contemporâneo com proliferação dos cursos de pós-graduação. Destacam-se, entre tantos outros nomes, as figuras de Haroldo de Campos, Décio Pignatari, Silviano Santiago, Judith Grossmann, Affonso Romano de Sant'Anna, Helena Parente Cunha, José Miguel Wisnik, Evando Nascimento, Roberto Corrêa dos Santos, Maria Lúcia Dal Farra, Rinaldo de Fernandes, Miguel Sanches Neto, Milton Hatoum, Aleilton Fonseca, Antonio Brasileiro, Cleise Furtado Mendes, Sandro Ornellas, Carlos Ribeiro, Ruy Espinheira Filho, escritores que compõem o *corpus* mais amplo da pesquisa realizada pelos professores do grupo de teoria da literatura, literatura comparada e criação literária (Diretório CNPq), da Universidade Federal da Bahia (UFBA), no âmbito do grupo de pesquisa "O escritor e seus múltiplos: migrações".

Cada uma dessas assinaturas representa um projeto intelectual com características e repercussões distintas das outras, o que lhes confere um lugar diferenciado no panorama cultural contemporâneo. O traço comum entre esses intelectuais é uma atuação cultural e acadêmica que passa pela ficção literária (romance, conto, crônica, poesia), pela teoria-crítica e docência. Em cada território discursivo, localiza-se a produção de uma escrita, porém, uma escrita cada vez mais entrelaçada e esgarçada. Essas escritas não são apenas intercomunicantes. Os rituais de cada enunciação invadem os limites territoriais da outra, constituindo uma malha híbrida que requer um leitor capaz de transitar – de migrar – também por esses diversos territórios discursivos, estabelecendo-se assim uma cumplicidade entre biografia, ficção e teoria.

Pode-se perceber como essa perspectiva de abordagem solicita o exercício do comparatismo. Aliás, o nome "escritor e seus múltiplos: migrações" aponta para as interfaces na investigação dos múltiplos perfis e das migrações discursivas, colocando uma série de textos ou de produções sob os sintagmas dos deslocamentos, dos entrelaçamentos, da *liminaridade*, da *indecidibilidade*, que se verificam tanto no conjunto de textos de um mesmo intelectual – portanto, de uma mesma assinatura (interfaces da ficção com a teoria, as entrevistas, os ensaios, o projeto pedagógico, os dados biográficos etc.) – como no que diz respeito às interlocuções tecidas entre os diversos escritores. Em todas essas instâncias, pretende-se flagrar as migrações e os deslizamentos de ideias, de temas, de questões teóricas e ficcionais entre as variadas escritas. Acionar esses diálogos e interlocuções mobiliza a prática das comparações que expõe as semelhanças, porém, interessa primordialmente pelas diferenças dos múltiplos eixos dialógicos disseminados por essa rede de escritas.

Eneida Maria de Souza (2002, p. 111), em seu ensaio intitulado "Notas sobre a crítica biográfica", chama a atenção para a natureza compósita da crítica biográfica, por englobar a relação complexa entre obra e autor, possibilitando a interpretação da literatura para além de seus limites intrínsecos e exclusivos, ampliando-se assim a possibilidade dos jogos intertextuais na investigação da produção de um autor, uma vez que, como destacam as suas reflexões, "a crítica biográfica, ao escolher tanto a produção ficcional quanto a documental do autor – correspondências, depoimentos, ensaios, crítica – desloca o lugar exclusivo da literatura como *corpus* de análise e expande o feixe de relações culturais". É importante ressalvar que, no Brasil, é nos programas de pós-graduação e no campo interdisciplinar da literatura comparada que se promove uma reflexão mais aprofundada das teorias estrangeiras e suas efetivas recepções pelos intelectuais brasileiros (e latino-americanos), responsáveis pela mudança de foco do pensamento crítico contemporâneo, no país e na América Latina.

Assinala-se, portanto, a intromissão da imprescindível metodologia da literatura comparada na construção da crítica biográfica, a qual se constitui também como um exercício de análise dos projetos intelectuais do escritor múltiplo, acrescentando-se ainda o viés dos estudos culturais. A partir desses componentes são construídas "as pontes metafóricas" que propiciam as inter-relações entre textos e autores, mobilizando-se biografemas, rastros de leituras inscritas nos textos, escolha de gêneros e formas literárias predominantes, no sentido de verificar como se entrelaçam os projetos ficcionais, teóricos e pedagógicos desses intelectuais.

Com base nessas correlações, constata-se, por exemplo, a forte presença de gêneros tradicionalmente caracterizados pela veracidade e autenticidade da escrita, como cartas, diários íntimos, memórias, transformando o espaço privado do sujeito em objeto de exibição na esfera pública. Esses gêneros são assim reconfigurados, desconstruídos, elegendo-se a indecidibilidade como princípio construtor de suas escritas, ficcionalizando-os e retirando da sua tessitura o caráter de veracidade e autenticidade. Trata-se, portanto, de um projeto ficcional sustentado em preocupações teóricas e pedagógicas que perpassam o projeto intelectual desses autores. Os debates mobilizados por meio dessas escritas podem ser observados em suas diversas nuances nas constantes intervenções do exercício da literatura comparada e sua imprescindível metodologia para a execução da proposta das migrações e transmigrações discursivas.

A contemporaneidade artística é compreendida a partir de um processo de autoconsciência no que se refere à sua condição de entrelaçamento (trans)migratório. Um dos traços particularmente contemporâneos é a consciência da composição de uma subjetividade dramatizada pela tensão articulatória de uma rede de escritas. Diversos escritores, como os estudados nas pesquisas de "O escritor e seus múltiplos: migrações", colocam em pauta projetos múltiplos nos quais se evidenciam algumas dessas linhas de força constituintes do que poderíamos chamar uma poética da contemporaneidade.

A escolha dos escritores múltiplos que compõem este livro se deu visando a compreender a passagem de um pensamento moderno para um pensamento contemporâneo, no qual a fragmentação se reanima como articulação de campos vetoriais transmigráveis. Vários ensaios têm como foco as produções de intelectuais situados cronologicamente em um contexto considerado emergente e que se expande a partir dos anos de 1950 e 1960, com a instituição dos programas de pós-graduação nas universidades brasileiras. Naquele período, já se registra a inserção de escritores-professores ou de professores-escritores nos cursos de graduação e pós-graduação, envolvidos principalmente com o ensino da literatura e da teoria da literatura, responsabilizando-se pela formação de pesquisadores na área, com orientação de dissertações e de teses.

Além disso, a teoria da literatura começava também a ser ministrada nos cursos de Letras, propiciando um estudo mais sistemático da literatura e trazendo, para as academias, uma reflexão crítica que, até então, propagava-se nos suplementos literários e nos jornais, com a crítica de rodapé. Embora exercida com grande fecundidade, a "crítica de rodapé" estava ainda dependente da opinião e do gosto pessoal do crítico, com critérios de avaliação impressionistas. Assim, o aparecimento desses intelectuais corresponde também ao surgimento da crítica universitária consolidada gradativamente nas instituições de ensino superior no Brasil, na segunda metade do século passado, e se configura hoje como o ambiente mais fértil para o exercício da crítica literária e cultural.

Diversos ensaios refletem sobre a produção de Haroldo de Campos, Décio Pignatari, Affonso Romano de Sant'Anna, Judith Grossmann, Silviano Santiago, escritores inseridos nessa zona de emergência, assinalando a passagem da modernidade para a contemporaneidade, quando as fronteiras discursivas submetem-se a processos de diluição, propiciando as múltiplas migrações. Todavia, isso não significa que todos os textos desses autores lidos nesses ensaios estejam situados naquele período. Alguns desses intelectuais ainda produzem e atuam de maneira exuberante e contínua, e este dado é importante para o projeto escritural e cultural do escritor múltiplo. No caso de Affonso Romano de Sant'Anna, por exemplo, a análise recai sobre um conjunto de textos de 1975, *Poesia sobre poesia*, nos quais são expostos com muita dramaticidade os conflitos e os impasses do poeta-professor, ou do professor-poeta, em relação à sua múltipla atuação naquele período. Entretanto, no ensaio sobre Décio Pignatari, elege-se para leitura *Errâncias*, publicado no ano 1999, e nele pode ser observada uma revisão de concepções teóricas propostas em momento anterior, na chamada "fase ortodoxa" do concretismo, no período de 1960 a 1970. De forma semelhante, muitos textos ensaísticos e ficcionais de Silviano Santiago escolhidos para a leitura datam de 2004, 2006, mesmo considerando-se a sua inserção na docência no Brasil situada na década de 1970. Observa-se, portanto, que os aspectos cronológicos são deslocados por outras contingências e pressões literárias, teóricas e críticas, rompendo assim qualquer tentativa de uma concepção linear e evolutiva no ordenamento dessas produções e desses intelectuais. A leitura de escritores de períodos subsequentes é tecida com a produção de Evando Nascimento, Roberto Corrêa dos Santos e Cleise Furtado Mendes. Aqui também o propósito não é desenvolver um estudo de gerações literárias, ou coisa semelhante.

Talvez um critério importante na escolha do *corpus* dos autores desta coletânea tenha sido a mobilização dos afetos, hoje um importante ingrediente para a constituição do saber. Não se trata, porém, do afeto decorrente de uma relação que irrompe nas malhas da escrita, suscitando uma paixão crítica inesperada, irruptiva. Trata-se, sim, de uma rede afetiva enlaçando vida e obra, leitura e escrita, leitores e escritores.

Na minha trajetória acadêmica, tive o privilégio de conviver com vários dos intelectuais aqui estudados, e isso facilitou a minha intromissão nas suas práticas pedagógicas em constante interlocução com a sua teoria-crítica e a própria criação literária. Na UFBA desfrutei da rica convivência de Judith Grossmann, abrindo-me as sendas para o conhecimento da literatura e, posteriormente, o compartilhamento de uma atividade pedagógica sempre inventiva, a desentranhar a teoria da própria criação poética. A PUC-Rio, além de outras sendas para transitar pela literatura e cultura, proporcionou-me o provocativo convívio intelectual e afetivo com Silviano Santiago e seu instigante pensamento desconstrutor, possante instrumento de disseminação de um saber nômade e migrante, movimentando frequentemente as minhas reflexões sobre a contemporaneidade. Affonso Romano de Sant'Anna e Roberto Corrêa dos Santos enlaçam também essa teia biográfica afetiva iniciada nos encontros e reencontros didáticos das salas de aula ou dos *pilotis* da PUC-Rio e prossegue nas inúmeras revisitações dos seus textos – escritas expandidas. Evando Nascimento, um afeto que brotou na UFBA, no início da minha carreira docente, fortaleceu-se nas afinidades eletivas e continua recolhendo os pedaços de uma vida que se faz de instantâneos. Cleise Furtado Mendes, com sua inventiva força histriônica, criando pontes para a minha paixão pela literatura dramática e pelos espaços cênicos. Haroldo de Campos e Décio Pignatari são, mais do que tudo, uma paixão crítica e o sentimento de uma falta: o da convivência pessoal, hoje somente possível no limiar das errâncias poéticas através das galáxias.

Muitos destes ensaios já foram divulgados em congressos, periódicos, coletâneas e resultam das minhas pesquisas como bolsista do CNPq. Por terem sido originalmente ensaios esparsos, algumas ideias se repetem de um texto para o outro. Decidi por manter essas repetições, no entanto, com vistas a evidenciar os conceitos e traços mais marcantes ao longo das leituras dos entrelaçamentos (trans)migratórios que caracterizam a passagem da modernidade para a contemporaneidade.

1. Questões biográficas em rede de escritas

Neste capítulo será discutido o estatuto biográfico de textos produzidos por intelectuais contemporâneos que exercem as atividades de ficcionista, teórico, crítico, docente e constroem redes de escritas através das quais dramatizam questões pessoais e culturais. Em primeira instância, a expressão *escritor múltiplo* ou *intelectual múltiplo* define a diversidade de lugares de produção de discursos (ou de escritas), em que esses sujeitos se inscrevem e se produzem. Procura-se verificar, todavia, o quanto essa variedade de lugares de fala – do ficcionista, do teórico, do crítico, do docente – corresponde a uma multiplicidade de perfis autobiográficos, traçados nas malhas da escrita.

Com o propósito de compreender historicamente as questões aqui esboçadas, cabe lembrar que a figura desse intelectual surge no cenário cultural brasileiro na segunda metade do século XX, tendo como antecedente os fundadores da modernidade, cuja síntese está representada na figura do "poeta-crítico", denominação de Paul Valéry para caracterizar o escritor criativo – romancista e/ou poeta – que é também teórico e crítico.

O escritor múltiplo, além dessa consciência crítica registrada no espaço literário, é teórico e exerce a docência em instituições de ensino superior. No Brasil, pode-se registrar o aparecimento dessa figura na academia a partir da institucionalização e da proliferação dos cursos de pós-graduação nas universidades. Como espaço de produção e disseminação do saber, as universidades passam a acolher esses intelectuais responsáveis pela formação de um vasto contingente de profissionais da área de Letras. Ainda que a postura acadêmica e o projeto intelectual de cada um desses sujeitos tenham abrangências e ressonâncias muito distintas – alguns com expressivas repercussões em âmbito nacional e internacional, outros mais localizados –, o que nos permite ler comparativamente as questões biográficas referentes a esses sujeitos é a produção de uma rede de escritas (a do ficcionista, do teórico, do crítico, do docente) através da qual eles se inscrevem e se produzem, delineando questões teóricas e pedagógicas que rompem fronteiras e saberes constituídos, estabelecendo uma cumplicidade entre biografia, ficção e teoria.

Evoco, mais uma vez, o poeta Paul Valéry (1991, p. 204) para citar a sua antológica concepção sobre o estatuto da biografia: "Não existe teoria que não seja um fragmento cuidadosamente preparado de alguma autobiografia." As reflexões de Valéry realizam-se num contexto no qual prevalecia o biografismo do século XIX, e elas suscitam provocações desenvolvidas pelas teorias contemporâneas que pensam essas relações considerando a inserção do sujeito na linguagem. Esse aspecto é de fundamental importância para tratar das problematizações aqui propostas. Ele é uma espécie de lastro – ou palco? – crítico para se compreender as ficções teórico-biográficas da contemporaneidade.

Por sua vez, as reflexões de Michel Foucault, em *A ordem do discurso*, definem os lugares nos quais são enunciados os discursos, bem como os protocolos e os rituais em jogo em cada ordem discursiva. Os protocolos do discurso ficcional diferem do teórico-crítico, assim como do discurso biográfico ou do pedagógico, proferido em sala de aula por um docente. Entrevistas, depoimentos, diários também obedecem a determinadas ordens de controle, produção e circulação que os caracterizam e os diferenciam dos demais. Todavia, as produções do escritor múltiplo, que constituem a sua rede de escritas, fornecem instigantes construções que propiciam estabelecer migrações e pontes relacionais e conceituais entre as diversas ordens discursivas, convergindo para o espaço literário ou ficcional o trançado de questões que perpassam as demais produções dessas personalidades.

Para dar uma carnadura a essas abstrações, é importante explicitar que se referir ao escritor múltiplo significa trazer para o espaço dessas leituras produções com a assinatura de Silviano Santiago, Judith Grossmann, Affonso Romano de Sant'Anna, Haroldo de Campos, Augusto de Campos, Décio Pignatari, Evando Nascimento, Roberto Corrêa dos Santos, Cleise Furtado Mendes, entre outros.

Se cada uma dessas assinaturas representa um projeto intelectual com características e repercussões diferentes, talvez o traço que possibilite estabelecer uma comparação entre suas diversas produções seja a condição de leitor que caracteriza cada intelectual como produtor de *discursividade*. E, nesse aspecto, a afirmação é válida não apenas para o produtor de literatura – *scriptor* barthesiano, por excelência, um *animal ledor* –, mas também diz respeito ao teórico, ao crítico e ao docente. Nessas diversas ordens, ou melhor, nas produções de escrita desses sujeitos, o trançado da malha textual é proveniente da leitura, seja de textos ficcionais, seja da filosofia, das artes, da antropologia, da psicanálise, da história, da sociologia, da mídia etc. Por isso, Evando Nascimento (2013), em seu "Retrato do autor como leitor", uma conferência proferida na Academia de Letras da Bahia, em novembro de 2011, e publicada na *Portuguese Literary & Cultural Studies, n. 26*, propõe uma *biobibliografia* como possibilidade de construção biográfica dos escritores, ou melhor, da autoria:

> Penso de antemão a autoria como o lugar mesmo da recepção e da produção transdisciplinar. Trata-se de uma instância de passagem, em que são articulados e retransmitidos diversos discursos: literatura, filosofia, artes, mídia, sociologia, antropologia etc., justo porque, como desejaria demonstrar, a autoria se fundamenta na leitura e não numa essência biográfica. A biografia que me interessa é menos factual do que bibliográfica, uma *biobibliografia*, portanto (NASCIMENTO, 2011b, p. 1).

Da citação, destacam-se as expressões "a autoria se fundamenta na leitura e não numa essência biográfica" e "a biografia que me interessa é menos factual do que bibliográfica, uma *biobibliografia*", uma vez que elas apontam para as marcas das leituras como biografemas inscritos no tecido textual e definem os possíveis perfis biográficos não como uma essência ou como uma marca pré-estabelecida factualmente, porém como traços tecidos pelos diversos fios provenientes da leitura e, portanto, da cultura.

Dessa perspectiva, rabiscam-se retratos desnaturais, e assim, pode-se entender o significativo título do livro de Evando Nascimento (2008): *Retrato desnatural (diários – 2004 a 2007)*, que retira da literatura o compromisso de reproduzir factualmente o vivido, rompendo com a estreita correlação entre vivência mundana e vivência literária. *Retrato desnatural* tem ainda na capa a denominação *ficção* e este termo indica para o leitor que ele se encontra no território discursivo da literatura ficcional. Como contraponto, o subtítulo *diários – 2004 a 2007* aponta para o teor biográfico do texto de Evando Nascimento que, com esse livro de 2008, passa a ocupar um lugar na literatura brasileira contemporânea, assumindo disfarces e máscaras, em um espaço escritural concebido pela tradição teórica como um gênero que traz a marca da veracidade e da autenticidade do eu: o diário. Essa característica se encontra abalada no livro de Nascimento, passando a ser também espaço em que o sujeito se ficcionaliza, transformando-se em lugar de encenação e dramatização de questões pessoais e culturais, e em que podem ser encontrados os rastros da atividade leitora do seu autor, também professor de teoria da literatura na Universidade Federal de Juiz de Fora (UFJF), e ainda autor de textos teóricos e críticos por meio dos quais tem se dedicado a pensar a contemporaneidade, principalmente as relações entre filosofia e literatura no pensamento desconstrutor de Jacques Derrida, de quem é tradutor. *Retrato desnatural* é assim um compósito de todos esses rastros.

No fragmento que abre a primeira parte do livro, intitulado "Escrevendo no escuro", encontra-se a afirmação: "*pois se tornou/ imperativamente necessário/ escrever na primeira pessoa, mas/ sem ingenuidades, com todos os disfarces*", seguindo-se então a assinatura: *o a(u)tor* (NASCIMENTO, 2008, p. 11). Essa epígrafe-epílogo recepciona o leitor no preâmbulo de *Retrato desnatural* e já anuncia a pluralidade de máscaras assumidas pelo *autor* e também *ator*. A grafia da palavra *a(u)tor* é elucidativa, pois não se refere apenas a uma simultaneidade de máscaras, mas explicita como uma persona já se encontra na outra, uma máscara agrega-se à outra, compondo uma grande mascarada. No ensaio de 2011, "Retrato do autor como leitor", confirma-se esse caráter dramático e histriônico do autor, que se pluraliza na cena da escrita, uma vez que sem máscara não há autoria: "vozes narrativas, personagens, sujeitos poéticos, vozes dramáticas, *dramatis personae*, personagens ensaísticas, biográficas, sociais, em suma, máscaras de toda ordem. Parafraseando Nietzsche, eu diria que o autor é uma composição da grande mascarada" (NASCIMENTO, 2011a, pp. 1-2).

Na rede de escritas do escritor múltiplo, essa grande mascarada se adensa à medida que as diversas funções (do teórico, do crítico e do professor) confluem para um mesmo tecido, rompendo os limites discursivos, bordejando textos indecidíveis, pois neles superpõem-se diversas vozes, personas, atuações.

Em uma das seções de *Retrato desnatural*, intitulada "microensaios", as fronteiras entre o ficcional e o ensaio crítico esboroam. Se o ensaio caracteriza-se por uma oscilação entre o ficcional e o científico, esse texto acentua essa hibridização, à medida que os "microensaios" se inserem em um contexto autodefinido como um diário ficcional. Não é à toa que um dos temas das reflexões críticas dramatizadas nesta seção é o autorretrato, estabelecendo um diálogo com artistas que desconstruíram a representação de si, se autodesfiguraram, apresentando uma imagem disfarçada do eu. Ao refletir sobre a pintura (traço recorrente nos ensaios de Evando Nascimento), privilegia-se a concepção de pintura como um autorretrato, esclarecendo, todavia, que mesmo quando se pinta uma cidade, o pintor está traçando um fragmento autobiográfico. Nas suas indagações – "para onde olham os pintores quando pintam a si mesmos?" (NASCIMENTO, 2008, pp. 282 e ss) –, Evando arrisca uma resposta: "independentemente do autorretrato explícito, desconheço alguém que desenvolva um tema qualquer em que de modo incerto ou direto não se inclua."

Ao flagrar questões (auto)biográficas inscritas tanto na pintura como na literatura, Nascimento conclui que nessas duas linguagens – e nas demais artes – o tema será sempre o próprio autor, capturado na teia dos signos decodificados e recodificados por meio dos seus rastros – dos seus biografemas: datas, amizades, leituras pelas quais constrói uma genealogia literária e as afinidades eletivas –, confirmando a concepção de Paul Valéry sobre a relação do homem com a linguagem e, por esse viés, o caráter autobiográfico de toda produção humana.

Nessa perspectiva, o gênero carta tem sido, para os intelectuais múltiplos, uma forma de dramatizar teorias e pedagogias, conjugando biograficamente as suas variadas atuações. O ofício de criar, de ficcionalizar, expande-se pelos diversos discursos, reconfigurando formas tradicionais de escritas ligadas ao gênero biográfico (diários, cartas, memórias etc.) e ao espaço privado do sujeito, agora objeto de exibição na cena pública. Assim, o gênero biográfico encontra-se também submetido às mesmas pressões reconfiguradoras da contemporaneidade.

Os exemplos proliferam, mas aqui serão referidos dois contos, ambos ofertados ao público leitor como cartas: um conto, do próprio Evando Nascimento (2011a), intitulado "O dia em que Walter Benjamin daria aulas na USP". O outro, de Silviano Santiago (2005), denominado "Hello, Dolly!". As cartas, como o diário, são desconstruídas em relação ao teor de veracidade e de legitimidade, assumindo simultaneamente o estatuto de texto ficcional e debate teórico-crítico e pedagógico.

As marcas da factualidade histórica estão presentes nos dois exemplos, como as referências à figura do filósofo alemão Walter Benjamin, à USP, ao episódio da clonagem da ovelha Dolly, ao antológico texto de Walter Benjamim "A obra de arte na época de sua reprodutibilidade técnica", e, ainda, a Hitler e ao nazismo. No texto de Nascimento, Walter Benjamim escreve uma carta ao filósofo Erich Auerbach, antes de vir para o Brasil ensinar na USP; no de Santiago, Walter Benjamin é o destinatário da carta, não assinada pelo narrador-remetente.

Os contos-cartas expandem as fronteiras da literatura, tornando-se instigantes discussões críticas e atualizando o debate teórico sobre o nazismo e a biografia de Walter Benjamin, bem como sobre a reprodutibilidade técnica no contexto da pós-modernidade, numa problematização do original e da cópia-clone. Santiago e Nascimento embaralham os dados factuais e ficcionais, ficcionalizam a história e o pensamento do filósofo alemão, rasuram as cronologias históricas. No conto de Silviano, o narrador, indignado com o clone, problematiza de forma pedagógica os acontecimentos do cotidiano, em um contundente diálogo com Benjamim, mediatizado pelo texto sobre "a obra de arte na época de sua reprodutibilidade técnica". Santiago quebra a cronologia histórica, pois o episódio do clone da ovelha Dolly data de julho de 1997 e a morte de Benjamim foi em 1940. O diálogo travado entre o narrador e Benjamim, ainda que possa ser interpretado como um acontecimento no plano das ideias e do discurso, assume uma feição de realidade factual e histórica, pois se utiliza de uma carta endereçada ao filósofo como local de discussão teórico-crítica.[1]

Se for possível refletir sobre a biografia de um sujeito a partir de suas leituras, compondo uma *biobibliografia*, essas cartas-contos – ou contos-cartas – rebordam o perfil biográfico de seus a(u)tores, exibindo as suas preocupações teóricas, críticas, pedagógicas, literárias e culturais. O projeto

---

1. Silviano Santiago, no conto-carta "Conversei ontem à tardinha com nosso querido Carlos" incluído também em *Histórias mal contadas* (2005), rompe com a cronologia situando-se, ele mesmo, autor da carta a Mário de Andrade (a assinatura Silviano encontra-se no final da carta), no ano de 1925. Esse texto exibe também as relações entre o ficcionista, o teórico, o crítico, o professor e principalmente o organizador das cartas de Mário de Andrade e Carlos Drummond de Andrade, que invade de maneira indiscreta a intimidade da relação dos dois amigos, dos "dois gigantes do modernismo".

intelectual de cada um deles é construído de indecidibilidade (paradoxalmente, o espaço textual é ficcional e é teórico e é crítico e é pedagógico e é biográfico e é literário e é cultural...). Para esses a(u)tores, os quais assumem a feição de escritor múltiplo, cada cena discursiva difere das demais por mobilizar constantes processos de construção e reconstrução do sujeito, por reconfigurar as próprias ideias teóricas e críticas, por reavaliar e redistribuir as lições pedagógicas. Esse aspecto, contudo, não prejudica a consistência do projeto intelectual e cultural com a assinatura desses sujeitos. Estampa, ao contrário, a complexidade das questões dramatizadas na contemporaneidade, em tempo de pós-crítica e de pós-psicanálise.

A produção de Silviano Santiago é exemplar para a ampliação das discussões trazidas aqui. Nos textos de Santiago, observa-se uma constante intromissão de traços biográficos envolvendo o ficcionista, o teórico e o crítico cultural, simulados pelo viés das leituras. É assim no romance *Viagem ao México* (1995), com o diálogo intertextual do projeto desconstrutor de dois intelectuais da segunda metade do século XX: Antonin Artaud e o próprio Santiago. É assim em um dos seus últimos romances, *Heranças* (2008), no qual podem ser encontrados diversos biografemas que indiciam os rastros da vida do escritor Silviano Santiago – o narrador-protagonista Walter é também um escritor, nasceu em Belo Horizonte, mora em Ipanema, no Rio de Janeiro, tem 70 anos, dados que coincidem com os de Santiago. Por sua vez, reflexões teóricas que definem o pensamento de Santiago podem ser encontradas na narrativa de Walter ao reconstruir as suas memórias, fazendo predominar o teor confessional do relato um tanto no estilo do século XIX, em um jogo citacional bastante explícito com Machado de Assis, mediatizado pelas narrativas de *Dom Casmurro* e *Memórias póstumas de Brás Cubas*.

Destaca-se, contudo, a concepção de memória emergente da narrativa autobiográfica de Walter, definida como máquina de arquivamento. A literatura como memória torna-se então a possibilidade de registrar uma multiplicidade de versões da história individual e coletiva. A expressão máquina de arquivamento é inspirada na temática do romance *Heranças*, em que o protagonista-narrador, ao escrever suas memórias, tem como principal auxiliar um computador, uma máquina que o incita a escrever suas recordações e a armazená-las para deixar como herança para os seus leitores. A repercussão da exposição da memória nesse romance é bastante singular, pois que, por meio dela, Silviano Santiago parece dramatizar uma questão das mais fecundas do seu pensamento teórico-crítico e de sua ação pedagógica em relação à desconstrução do platonismo.[2] O computador, como uma máquina de escrita, é também uma máquina de armazenar a memória de um sujeito, de arquivar as grafias da vida do personagem escritor. Seria, portanto, do ponto de vista platônico, uma memória desprestigiada e desvalorizada, porque uma *hypomnesis*, uma memória artificial ou morta. Entretanto, em *Heranças*, ele atua como uma força mobilizadora e vivificadora das memórias do protagonista-escritor, a herança que ele pretende deixar arquivada no *hardware* para os seus leitores.

No sentido de atar os fios desse percurso, convoca-se agora o projeto intelectual de Judith Grossmann, recorrendo ao romance *Cantos delituosos* (1985), que transforma o ficcional em uma reflexão sobre o "retrato do autor como leitor", exempli-

---

[2]. Este tema foi objeto de muitas lições de Silviano Santiago no programa de pós-graduação em Letras, na PUC-Rio, na década de 1970, e se constitui como lastro teórico-crítico do seu projeto intelectual.

ficando literariamente as considerações sobre a possibilidade de constituição de uma *biobibliografia*. *Cantos delituosos* é uma tematização sobre ler-escrever-ensinar-viver, à medida que traz ao cenário romanesco essa questão teórica do escritor como leitor. E leitor de códigos diversificados, pois o próprio mundo natural e as vivências humanas transformam-se em uma "biblioteca de Babel", isto é, em denso acervo de textos a serem lidos e relidos.

Cantos delituosos (Prêmio Ficção da Associação Paulista de Críticos de Arte – APCA, em 1985) constrói-se dialogando com a tradição literária e com diversos códigos culturais traduzidos na sua malha, estabelecendo, contudo, uma declarada interlocução com o *Grande sertão: veredas*, de João Guimarães Rosa, talvez o principal interlocutor/protagonista desse romance. Mas, outros autores comparecem, constituindo e dando visibilidade ao sistema textual grossmaniano. Nesse sentido, no espaço ficcional constrói-se a genealogia literária da escrita criativa de Judith Grossmann, que elege os seus predecessores, como afirma a narradora de primeira pessoa Amarílis, herdeira dessa tradição. Registra-se desde já que a genealogia construída por esse acervo de textos e autores citados por Amarílis coincide com os arquivos da prática pedagógica da professora de teoria da literatura, reorganizando as principais referências bibliográficas das disciplinas dos cursos de graduação e de pós-graduação em Letras da UFBA, inscrevendo-se no texto como biografema. Através do jogo das citações posto em circulação em *Cantos delituosos*, é possível acessar o arquivo das leituras de Judith Grossmann. Mais do que isso. Esses jogos citacionais podem ser considerados procedimentos de uma prática ficcional comum – ainda que também distinta – a esses autores-leitores. Destacam-se assim no texto grossmaniano: a nomeação explícita de autores da história da literatura e da arte; as referências a nomes de personagens literários e da história da arte; a apropriação de título de obras literárias e textos da cultura; a retomada de temas e procedimentos literários de autores, e, em alguns casos, do conjunto da obra de um autor, além da retomada de diversos outros discursos da cultura.

Affonso Romano de Sant'Anna dá visibilidade à sua condição de autor-leitor nos poemas incluídos em *Poesia sobre poesia* (1975). Ao recorrer a estratégias citacionais explicadas por notas, ele introduz na esfera da lírica um recurso próprio dos textos científicos e dilui, assim, os limites entre texto poético e texto teórico-crítico e pedagógico. É importante assinalar que *Poesia sobre poesia* foi escrito em 1967 e publicado em 1975, quando o intelectual múltiplo ainda fazia sua estreia no contexto cultural brasileiro. Este aspecto é importante porque se dramatiza nesses poemas de Affonso Romano de Sant'Anna um conflito entre o poeta e o teórico professor, ou melhor, entre o poeta-professor e o professor-poeta, pois o teórico e o crítico acoplam-se à figura do professor.

Tanto nas citações como nas notas estão os registros das leituras de Affonso Romano de Sant'Anna, que, como poeta, confessa-se enfastiado de sua profissão, de acordo com a afirmação do sujeito poético em "O poeta se confessa enfastiado de sua profissão". Segundo depoimento do próprio Affonso: "este foi o primeiro poema que escrevi dentro dessa linha de tentar teorizar sobre a poesia dentro da própria poesia ao mesmo tempo em que me exorcizava dos meus fantasmas literários. Escrito em 1967, já traz o impasse entre o professor e o poeta"(2004, pp. 158-162). No poema referido, o argumento apresentado é uma constatação retirada da sala de aula: "Por profissão destruo poemas meus e alheios/ – porque me pagam/ e é o que melhor faço.// Abri-los, desmontá-los/ aos inocentes olhos de alunos/ que muitos se maravilham!"

Os títulos dos poemas de *Poesia sobre poesia* são elucidativos, demonstram esses impasses tramados pelo poeta-professor, o qual constantemente expõe as suas dúvidas profissionais (os seus fantasmas?): "a morte cíclica da poesia", "poema didático em três níveis", "a educação do poeta e de outros hebreus na corte de Nabucodonosor", "o poeta realiza a teoria e a prática do soneto". O "poema didático" traz diversas alusões explícitas a movimentos literários, revistas literárias, reconstruindo, por essa via, o contexto de sua época e a sua aporia:

> [...] E não me agradando, me contradizendo e repetindo,
> metafórico e confuso,
> cheio de *invenções, tendências*, e na práxis estranha
> de *processos*, des/caído no *sanglot long des violons*
> de rua, eu que lá ia hoje volto ao sempre poema
> e descubro a aporia: [...] (SANT'ANNA, 2004, p. 133, v. 1).

Perpassados por uma ironia, esses poemas, além de exibirem o conflito vivenciado pelo intelectual situado em momento de transição, evidenciam também os impasses literários e culturais característicos do contexto histórico no início da segunda metade do século XX. Desse modo, os rastros desses acontecimentos estão inscritos nos poemas de maneira explícita e sem que haja uma reelaboração capaz de transformar esses textos em metáforas conceituais e pedagógicas, predominando o teor metalinguístico do fazer poético sobre a produção de ficções teórico-biográficas, como acontece com os textos produzidos em tempo de pós-crítica, como os de Evando Nascimento e de Silviano Santiago.

2. Dramatizações de um intelectual múltiplo

Interessa-me a leitura de *Poesia sobre poesia* de Affonso Romano de Sant'Anna pela possibilidade que os poemas – serão poemas? – oferecem de elucidar alguns aspectos que traduzem os impasses vivenciados pelo intelectual múltiplo na segunda metade do século XX, encenando as ambivalências e os conflitos do poeta e também professor, teórico e crítico. Esses impasses são marcas que circunscrevem um momento de transição, quando se inauguram outras formas de saber: um saber nômade, em constantes deslocamentos e migrações, desconstruindo hierarquizações instituídas. O escritor criativo que se vê atingido pelo "mal de docente" assume distintas posturas, fragmentando-se e multiplicando-se na sua rede de escritas. "Mal de docente" é a expressão cunhada pelo múltiplo Silviano Santiago (2004, p. 246) para definir essa atuação intelectual que ronda a contemporaneidade, tamanha é a proliferação dessa figura na academia hoje. A multiplicidade de *personas* em um só sujeito gera o mal de docente, na medida em que o docente, teórico e crítico, não consegue afastar-se ou se despregar desse lugar de fala na sua elocução poético-literária. O mal é aqui marcado pelo signo da positividade porque é o que mobiliza a escrita criativa desses intelectuais. A feição pedagógica – docente – da literatura perde o sentido particularmente ideológico, ganhando outras reverberações na complexidade das questões da teoria-crítica e da docência trançadas no espaço ficcional.

Poesia sobre poesia foi publicado em 1975[3] e, nessa década, Affonso Romano de Sant'Anna destacava-se por uma profícua atividade acadêmica, exercida na Pontifícia Universidade Católica do Rio de Janeiro (PUC-Rio). Além de professor, ele dirigiu o Departamento de Letras e Artes da instituição e participou da instalação da pós-graduação, que se tornou uma importante referência acadêmica pelas inovações introduzidas no sistema institucional brasileiro.[4]

Recorro a uma entrevista de Affonso Romano de Sant'Anna, concedida a Anazildo Vasconcelos da Silva e publicada na *Revista Linha de Pesquisa, Revista de Letras da Universidade Veiga de Almeida (UVA)*, cujo tema é essa multiplicidade de lugares de fala – do professor, do crítico, do teórico, do ensaísta, do cronista e do poeta. A pergunta inicial de Anazildo Vasconcelos da Silva é exatamente sobre a pluralidade de feições assumidas por Sant'Anna: "Você [...] abriga os múltiplos seres de que é feito: o professor, o crítico, o teórico, o ensaísta, o cronista e o poeta... São eles nomes, heterônimos, máscaras?... Como tudo isso começou?" E a resposta do entrevistado é:

---

3. As citações referem-se à edição *Poesia reunida – 1965-1999*, v. 1, L&PM, 2004.
4. Como foi observado por Italo Moriconi em seu estudo sobre Ana Cristina Cesar (1996), os professores de maior influência na PUC-Rio, na década de 1970 – Affonso Romano de Sant'Anna, Silviano Santiago e Luiz Costa Lima – não provinham do Rio ou de São Paulo, mas consolidaram sua formação no exterior, o que possibilitou conferir ao curso de pós-graduação em Letras da PUC-Rio uma "orientação teórica cosmopolita" (MORICONI, 1996, pp. 15-16). Naquela época, a PUC-Rio inaugurava um espaço de disseminação do saber diferenciado em relação à Universidade Federal do Rio de Janeiro (UFRJ) e à USP, nas quais funcionava ainda o sistema de cátedra. Além de romper com esse sistema, a PUC-Rio adotava orientações teóricas diferentes na estruturação da pós-graduação, e tinha como objetivo manter sua metodologia atualizada em relação à produção internacional. Essa síntese tão lacunar pretende apenas traçar o panorama acadêmico no qual se situava o professor Affonso Romano de Sant'Anna, e verificar a repercussão dessa atuação na sua produção poética, primordialmente em *Poesia sobre poesia*, segundo livro publicado pelo poeta.

> Parafraseando o nosso Pessoa, não sou nada, nunca fui nada, mas à parte isso posso ser até aquilo que não sei, aquilo de que não me dou conta. O *outro* é o que nos reinventa. [...] Acho que aquelas derivações – professor, crítico, teórico, ensaísta, cronista, poeta – são revérberos de um sujeito que procura se conhecer ou dar a conhecer o seu tempo através da linguagem (SANT'ANNA, 2001, p. 1).

O início da resposta aponta para uma referência poética importante para se entender as máscaras assumidas pelo poeta depois da primeira metade do século XX, exemplificando-se com Fernando Pessoa e seus vários desdobramentos por meio dos heterônimos. Marca-se assim um momento de ruptura com a lírica de tradição romântica, considerada expressão do eu do poeta. A partir de Fernando Pessoa, fica evidente o estatuto ficcional da lírica moderna, em que o sujeito – o eu poético – se dramatiza e se encena no espaço poético, assumindo máscaras, mobilizando investimentos afetivos e intelectuais, desvinculando-se de uma mera projeção do poeta enquanto sujeito empírico e do caráter contemplativo da lírica de expressão. Segundo considerações de Hugo Friedrich (1978), o poeta despersonaliza-se, isto é, desprende-se do sujeito empírico, ficcionaliza-se, torna-se um ator.

A segunda parte da resposta remete a um aspecto crucial em relação ao entendimento da atuação desse escritor múltiplo, pois é no território da linguagem que ele se constitui, quer seja no espaço poético, quer seja no território do discurso pedagógico, proferido pelo professor, ou do teórico e do crítico. Em cada zona linguística, em cada ordem de discurso, pode-se delimitar a configuração particular de um sujeito, que é o mesmo, mas é também e primordialmente *"outro"*. É possível rastrear os trânsitos entre essas variadas posições, buscando detectar deslizamentos entre as produções discursivas desse sujeito para investigar em que medida os protocolos e os rituais característicos de cada ordem são rompidos, promovendo contaminações linguísticas.

Adentrando no texto de *Poesia sobre poesia*, recorto o texto "O poeta se confessa enfastiado de sua profissão" (SANT'ANNA, 2004, pp. 158-162). Já no primeiro verso, a voz poética afirma: "Por profissão destruo poemas meus e alheios/ – porque me pagam/ e é o que melhor faço.// Abri-los, desmontá-los/ aos inocentes olhos de alunos/ – que muitos se maravilham!/ Alguns poderão nunca sentir/ – os mais felizes, talvez/ estes, os são-tomés-de-agora-e-sempre." A identificação do sujeito poético com o autor-professor Affonso Romano de Sant'Anna aparece explicitamente em *Poesia sobre poesia*, ao invocar a relação professor-aluno e delimitar a tarefa do professor diante do aluno maravilhado com sua atuação pedagógica ao executar no espaço literário uma espécie de experimentalismo, transformando o texto lírico em texto didático e teórico-crítico: "Por profissão, ainda,/ me farto de literatura:/ criticismos irrefutáveis (5), estruturas demonstráveis,/ estratos semânticos, sonoros, metafísicos, sintáticos, inodoros (6)." A opção declaradamente metalinguística do poema (isto é, poesia falando sobre poesia) pode ser percebida pela incorporação dos protocolos do texto científico por meio da utilização de um léxico que define concepções teóricas dos anos 1970, bem como apela para procedimentos de análise textual, registrando-se ainda a intromissão de notas, como se fosse efetivamente um texto ensaístico. As notas são primordiais para o entendimento de vários poemas, já que um leitor não especializado, sem formação em Letras, não identificaria diversas referências literárias inscritas na sua tessitura. O diálogo que Affonso Romano de Sant'Anna estabelece com a tradição e com a vanguarda literária e teórico-crítica está traduzido na apropriação de palavras e conceitos no corpo do poema, esclarecidos pelas referências textuais, como exemplificam as notas 5 e 6, inscritas no fragmento citado:

> 5. Cansaço das leituras sobre o New Criticism criado na década de 1920 e na de 1950 valorizado no Brasil.
> 6. Referência à teoria de Roman Ingarden sobre os estratos ou camadas que perfazem o texto literário; no Brasil, vulgarizado por Maria Luiza Ramos em *Fenomenologia da obra literária*.

As duas notas apontam assim para vertentes da teoria da literatura e da práxis analítica em voga no período, enxertando o corpo do poema de temas que perpassam a atividade docente à qual, por sua vez, acopla as outras atuações do intelectual Affonso Romano de Sant'Anna. Na entrevista concedida a Anazildo Vasconcelos da Silva, Affonso elabora algumas considerações sobre *Poesia sobre poesia*, que elucidam a natureza híbrida do seu texto:

> Aquele é um livro traumático, em dois sentidos: revela o trauma por que passei quando atravessei as vanguardas na contramão, mas é também a história de minha destraumatização. [...]
> Mas acho que em *Poesia sobre poesia* está de certa maneira a história da poesia de nosso tempo problematizada, ironizada, revista, purgada (SANT'ANNA, 2001, p. 3).

A primeira parte da citação afirma a concepção psicanalítica da literatura como encenação dos fantasmas (dos traumas) do escritor no palco da linguagem. A segunda refere-se ao caráter metalinguístico dos poemas que são, simultaneamente, história da literatura e teoria-crítica. Se a expressão "problematizada, ironizada, revista" indicia o estatuto teórico e histórico dos poemas, a palavra "purgada" reafirma o viés psicanalítico já registrado na primeira parte da citação.

Problematizar, ironizar, revistar parece ser a possibilidade de dramatizar os impasses de um saber nômade e as contingências de um ambiente histórico, cultural e institucional propício à multiplicidade, à fragmentação, aos trânsitos, sejam eles discursivos, sejam institucionais. Então, diante desse panorama, como estabelecer limites entre os discursos? Como conviver com os deslimites? Como encenar a fragmentação de um sujeito? E como hierarquizar as diversas dicções desse sujeito? É possível estabelecer hierarquias entre elas? Affonso Romano de Sant'Anna assim define ironicamente a crise (os traumas) tematizada em seu poema:

> Ah, que inteligente essa burra poesia!
> que intransigente essa nunca poesia!
> que poesia mais sem poesia essa poesia com
> urros de *poesia sobre poesia* (19)
> (SANT'ANNA, 2004, p. 126. Grifos do autor).

Na nota 19, inserida depois da expressão *poesia sobre poesia*, esclarece-se: "Tematizar meus conflitos estéticos e existenciais. Ou: a única maneira de sair da crise é tematizar a própria crise. Por isso falo do impasse de falar" (SANT'ANNA 2004, p. 30).

Aliás, a primeira nota do poema "O homem e a letra", inserida no título (na palavra letra), informa: "Primeiro de uma série de poemas em que o autor resolveu exorcizar os fantasmas literários de sua juventude, na busca de um caminho mais pessoal" (SANT'ANNA, 2004, p. 130). O léxico da psicanálise – "exorcizar", fantasma – traduz a trama dos embates vivenciados pelo poeta-professor diante do "impasse de falar", talvez uma das consequências da babel de linguagens que inunda a consciência crítica do poeta desde a primeira metade do século XX. O caráter metalinguístico do livro *Poesia sobre poesia* emerge da consciência das contradições entre o poeta-professor e o professor-poeta ainda em busca de uma dicção lírico-literária capaz de congregar as diversas falas as quais atravessam o sujeito criador. Nessa busca, faz-se presente a contundente dicção de um dos poetas fundadores da modernidade, T. S. Eliot (1922), com seu poema "A terra devastada". A primeira nota do "Poema didático em três níveis" (1), localizada no próprio título do texto, declara essa herança, ao relacionar o poeta contemporâneo Affonso Romano de Sant'Anna com o da modernidade. Ao se inserir nessa tradição, ele passa em revista a história da literatura, as vanguardas, desfilando-se e filiando-se a movimentos e tendências artísticas do seu tempo. Esclarece:

> 1. Os três níveis são: o poema de ontem (1966), o poema de hoje (1973) e as notas exegéticas, tradição que T. S. Eliot recuperou em "The Waste Land" (1922), o que quase me levou também a titular este poema "The Waste Poetry", porque aí também se trata de uma devastação poética. É possível, no entanto, com aparelhos teóricos mais precisos localizar outros níveis que não estes (SANT'ANNA, 2004, p. 138).

A nota traça também o próprio percurso histórico de *Poesia sobre poesia*, cujos textos foram escritos em 1966, em Westwood

Village, Los Angeles, e reescritos no Rio de Janeiro, em 1973. Somente em 1975 o livro foi publicado.

Do ponto de vista lexical, destaca-se em "O homem e a letra" a grande quantidade de nomes próprios, todos eles identificando personagens literários e nomes de autores por meio dos quais se estabelece um diálogo com a tradição literária: Clov, Gregor Samsa, Kafka, Vladimir, Estragon, Godot, Teseu, Borges, Robbe-Grillet, Ulisses, Mallarmé etc. As notas remissivas didaticamente contextualizam cada um dos nomes citados, fornecendo o título da obra, do autor e uma brevíssima síntese sobre a história na qual cada personagem se insere. Além disso, a estrofe inicial de "O homem e a letra", ao convocar para o espaço da lírica um repertório de nomes que constituem uma tradição, inclui também teorias contemporâneas como "a morte do homem" (estruturalismo), da alma (existencialismo), "a morte de Deus" (filosofia nietzschiana), esboçando desse modo uma crise tanto literária quanto teórica.

A opção visivelmente metalinguística e paratextual do livro de Affonso Romano de Sant'Anna para exorcizar os fantasmas literários e existenciais pode ser compreendida como uma sintomatologia e revela um momento de crise e de busca por uma forma poética que, naquele momento de transformações e rupturas – década de 1970 –, apenas se esboçava no universo das formas literárias. O poeta leitor, o poeta professor, o poeta crítico ostenta as marcas dos seus fazeres – por cansaço ou para purgá-las –, incorporando visivelmente os rastros da sua trajetória naquilo que ele produz pela incorporação de concepções das mais variadas procedências. O poeta quer principalmente inovar: afirmar a sua dicção no labirinto de linguagens que constitui as identidades do sujeito na contemporaneidade.

> Às vezes me estremeço com o duplo sopro do meu uno:
> – não aprendeste nesta infame lição que instilaste em
> [teus alunos
> que a poesia é desejo, que o desejo está na letra?
> que o homem é animal simbólico e que não vive sem
> [sinais?
> que até os animais sonham nos galinheiros e currais?
> (SANT'ANNA, 2004, pp. 125-126).

Definições como "poesia é desejo", "desejo está na letra", "animal simbólico" denotam a presença de conceitos da psicanálise, da semiologia e da filosofia, aspecto que pode ser também comprovado pelas notas do texto de "A morte cíclica da poesia...". Inserida acima da palavra "letra", a nota 13 indica: "Ver Freud, Lacan, Leclaire, Bataille, Pontalis, Rosolato, Irigaray, e outros tais", comprovando-se assim o conhecimento das teorias psicanalíticas mobilizadas pelo professor-teórico-poeta. Esse aspecto se expande através de outros textos, inscrevendo-se no título de vários poemas do livro *Poesia sobre poesia*: "O homem e a letra", "O leitor e a letra", "A letra e o tempo" (SANT'ANNA, 1975).

A vertente psicanalítica das reflexões de Sant'Anna foi difundida por meio de sua atividade docente na pós-graduação da PUC-Rio, nas diversas edições dos cursos sobre o desejo e a interdição do desejo na poesia brasileira, ministrados em meados da década de 1970, cujo resultado das reflexões desenvolvidas está publicado na coletânea *O canibalismo amoroso*. Embora de cunho teórico-crítico, a obra pretende escrever a "história do desejo na cultura brasileira", desejo dramatizado na poesia romântica de Castro Alves, de Cruz e Souza, de poetas do modernismo, como Manuel Bandeira, até Vinicius de

Moraes. O livro, segundo definição do autor na apresentação dos ensaios, é uma "história da representação do corpo nos (des)encontros amorosos [...], sendo o texto literário concebido como 'uma manifestação onírica social'" (SANT'ANNA, 1984, p. 10).

Na entrevista concedida a Anazildo Vasconcelos da Silva, Affonso Romano de Sant'Anna (2001, pp. 2-3) volta a fazer uma referência a essa obra, ressaltando a perspectiva inovadora que adotou para estudar a poesia brasileira. Em vez de analisar os movimentos poéticos, seguindo a orientação tradicional dos estilos de época bastante difundida naquele momento, ele estabelece outras variantes e constantes, escrevendo a história do desejo, da paixão e do amor na cultura ocidental a partir da literatura brasileira.

O viés psicanalítico norteia as leituras da poesia dos diversos autores – trata-se de uma psicanálise dos textos, do inconsciente dos textos, e não dos autores. A perspectiva interpretativa da representação do corpo, da mulher, dos (des)encontros amorosos, do canibalismo amoroso vai se constituir também em um dos territórios delineados pela lírica de Affonso Romano de Sant'Anna (2004, p. 201), que muitas vezes entrelaça mulher-amor-poesia, como no exemplo: "O poema, avulso gesto de amor,/ é vão recobrimento de espaços./ O poema é dúbia forma de enlace,/ substitui o pênis/ pelo lápis/ – e é lapso."

As linhas de pesquisa instauradas por Romano de Sant'Anna na PUC-Rio, nos anos 1970, configuram perspectivas distintas de abordagem, pois atestam as orientações teóricas assumidas pelo intelectual. Se na sua produção crítica inicial pode-se observar uma forte adesão aos métodos do estruturalismo linguístico e antropológico impostos a partir da França – privilegiando a leitura do texto nas suas articulações estruturais –, e a construção de uma gramática narrativa, analisando-se os componentes linguísticos constituintes da metodologia em vigor nos anos 1960 e início da década de 1970, posteriormente assinala-se o privilégio da leitura intertextual – baseada principalmente nas concepções de Mikhail Bakhtin e de Julia Kristeva. Predominam, nessa etapa, os estudos sobre a carnavalização na literatura e a noção de polifonia, extraídas de *Problemas da poética de Dostoiévski*, livro de Mikhail Bakhtin que marcou os desdobramentos das reflexões sobre as manifestações culturais no Brasil, com forte repercussão ainda hoje, a partir das pesquisas sobre a análise do discurso.

Se em *Análise estrutural de romances brasileiros*, o viés teórico adotado por Sant'Anna corresponde à aplicação do método estruturalista de Algirdas Julius Greimas, Claude Bremond, Roman Jakobson, Tzvetan Todorov, Roland Barthes e Claude Lévi-Strauss a um vasto repertório de narrativas brasileiras: *O guarani*, *A moreninha*, *O cortiço*, *Vidas secas*, *Laços de família* e *A legião estrangeira*, analisadas a partir dos pressupostos apresentados no capítulo inicial do livro, configurando as assim denominadas "narrativas de estrutura simples e narrativas de estrutura complexa, narrativas ideológicas e contraideológicas", posteriormente, Sant'Anna adota o viés interdisciplinar, polifônico e carnavalizante, recorrendo à psicanálise, à sociologia e à história para tratar das questões literárias.

Essa síntese tão lacunar objetiva somente mostrar como no percurso de *Poesia sobre poesia* a literatura alimenta-se dos temas retirados de uma práxis pedagógica, veiculando temas da teoria literária, da literatura brasileira e da história da literatura. Por sua vez, essa prática mobiliza também a elaboração dos textos ensaísticos. Ao responder a uma pergunta de Anazildo Vasconcelos da Silva sobre os livros *Análise estrutural da narrativa* e *Música popular e moderna poesia brasileira*, Affonso Romano de Sant'Anna declara: "Esses foram livros que resultaram dessa prática pedagógica e, antes de tudo, chance de eu esclarecer para mim mesmo certas coisas" (SANT'ANNA, 2001, pp. 1 e ss). E, em outro trecho, falando sobre sua produção ensaística, ressalta:

> Esses textos são dos tempos épicos em que na PUC tentei reunir um grupo para repensar a literatura brasileira e a teoria. Sempre achei que ficar só no blá-blá-blá era uma limitação. Importante era partir para a análise concreta dos textos. Naquela época, havia uma escassez de trabalhos desse gênero. [...] Então, tentei isto. Juntar teoria & prática.

Ainda que a produção literária de Sant'Anna seja anterior às demais publicações teórico-críticas, o conjunto de poemas publicado em 1975 é gerado no bojo das situações que atormentam esse intelectual ao transitar por um labirinto de linguagens. A opção pelo jogo paratextual e intertextual na construção de *Poesia sobre poesia* parece se constituir na possibilidade de o poeta encontrar uma saída para o seu desconforto diante dessa proliferação de discursos, de concepções, conjugando todos esses elementos em um mesmo espaço textual. Já foi registrado anteriormente como as notas 5 e 6 de "O poeta se confessa enfastiado de sua profissão" explicitam referências a posturas teóricas do New Criticism e da fenomenologia da obra literária. Muitas outras alusões poderiam ser anotadas, como: Gestalt, teorizações da poesia concreta, a teoria da palavra em liberdade de Filippo Tommaso Marinetti, a enumeração caótica de Leo Spitzer, a referência constante à psicanálise, à teoria da informação, relação exaustiva de nomes de autores e de livros das mais variadas áreas etc.

O conhecimento da historiografia literária é também acionado em diversos trechos, mobilizando procedimentos distintos: demonstra-se grande familiaridade com a tradição literária a partir do repertório de obras e autores citados, ou procede-se a um levantamento de movimentos literários e das vanguardas artísticas do século XX, como se pode perceber em uma das estrofes do "Poema didático em três níveis":

> [...] E não me agradando, me contradizendo e repetindo,
> Metafórico e confuso,
> cheio de *invenções*, *tendências*, e na *práxis* estranha
> de *processos*, des/caído no *sanglot long des violons*
> de rua, eu que lá ia hoje volto ao sempre poema
> e descubro a aporia:
> – porta aberta e celestina por onde me embriago
> E me liberto
>   (SANT'ANNA, 2004, p. 133. Grifos do autor).

O fragmento é bastante cifrado e o destaque conferido a determinadas palavras é dado pelo próprio Affonso Romano de Sant'Anna. Além de estarem grafadas em itálico, as palavras *invenções*, *tendências*, *práxis*, *processos*, *sanglots long des violons* de "rua" e "aporia" vêm acompanhadas de notas explicativas, esclarecendo-se por intermédio desses paratextos o significado de cada uma delas. Transcrevo aleatoriamente uma das notas – escolho a nota mais sintética – para exemplificar como elas suplementam as palavras destacadas no sentido de elucidarem a apropriação que o poeta efetua de movimentos da história da literatura e da poesia brasileira do século XX. A nota 12, inserida acima da palavra *processos*, diz: "Alusão ao grupo Poema Processo (1967) que apela para uma poesia mais semiótica, chegando a abolir a palavra."

Invenções e *tendências* (notas 9 e 10) são referências a duas revistas literárias: *Invenção* e *Tendência*, a primeira, surgida em 1962, sob a responsabilidade dos poetas concretistas de São Paulo. A segunda aparece em 1957, em Minas Gerais, reunindo um grupo de escritores que defendiam uma literatura nacionalista, como Affonso Ávila, Rui Mourão, Fábio Lucas etc. Já a expressão *sanglots long des violons* é uma apropriação de um verso do poeta francês Verlaine, logo seguida de "rua" (nota 13), numa alusão ao grupo Violão de Rua, o qual reunia os poetas Vinicius de Moraes, Cassiano Ricardo, Geir Campos, Paulo Mendes Campos, Ferreira Gullar e o próprio Affonso Romano de Sant'Anna.

Nova referência a Violão de Rua, também nome de uma publicação do grupo, aparece no mesmo poema, nos versos: "Em verdade vos digo:/ por quase 20 anos a poesia nacional/ racional curtiu prisão de ventre/ até que sobreveio a diarreia (30) nos violões e ruas". E na nota 30 declara-se:

> Ferreira Gullar tem um poema no *Violão de Rua* (1962), que não é lá uma obra-prima de invenção formal, mas que, segundo ele mesmo, introduz na poesia nacional a palavra "diarreia". Transpondo: foi isto mesmo que aconteceu diante de tanta prisão de ventre forjada pelas vanguardas formalistas (SANT'ANNA, 2004, p. 141).

A preocupação com as vanguardas poéticas caracteriza fortemente a atuação do intelectual Affonso Romano de Sant'Anna e constantemente esta problemática invade o contexto de *Poesia sobre poesia*. "A morte cíclica da poesia, o mito do eterno retorno e outros problemas multinacionais" ironicamente aponta para a morte da poesia, para o questionamento das vanguardas do século XX, para a crise da linguagem lírica. Discutir essa crise se tornou um dos investimentos intelectuais de Sant'Anna, com repercussão no panorama literário e cultural dos anos 1970, com a realização de uma série de eventos denominados de Expoesia. Em "A morte cíclica da poesia..." encontra-se um registro desse acontecimento:

> Hoje, em vez de pô-la em verso,
> (por profissão) do verso a vou tirar,
> não só dos meus, mas de quantos
> passo a ler e a me exemplar.
> Assim o desempregado poeta (27) expõe
> A expoesia (28) no chão do altar
>
> (SANT'ANNA, 2004, p. 134)

A nota 27 refere-se a uma publicação do autor quando ainda era estudante, um ensaio de 1962 sobre a situação do poeta na sociedade burguesa: *O desemprego do poeta*. A nota 28 explicita:

> Referência à Expoesia 1 e à Expoesia 2 realizadas respectivamente na PUC (out. 1973) e Curitiba (nov./dez. 1973), que deram uma visão mais real da poesia brasileira, articulando, sem qualquer censura estética, todo e qualquer tipo de poesia que se assinasse como tal. Foram assim reunidas todas as correntes poéticas desde 1945 (SANT'ANNA, 2004, pp. 140-141).

A Expoesia I, a princípio, pretendia ser apenas uma ilustração para as questões desenvolvidas em um curso ministrado por Affonso Romano de Sant'Anna no programa de pós-graduação da PUC-Rio, em 1973, porém terminou constituindo-se em um marco cultural importante no período de repressão política, reunindo diversos grupos de poesia – neoconcretismo, práxis, tendência, Violão de Rua, Poema Processo, Geração de 45. Contou com uma exposição da poesia concreta alemã, da moderna poesia brasileira e portuguesa, acolhendo todo tipo de poesia visual, sonora e escrita. Entre os inúmeros participantes da Expoesia I, encontram-se João Cabral de Melo Neto, Chico Buarque de Hollanda, Gilberto Gil, Jards Macalé, com a presença de mais de mil participantes.

Pode-se considerar esse evento como um dos marcos do processo de declínio da arte e ascensão da cultura no Brasil, ou, talvez, de democratização da arte e da cultura no Brasil, pois a sua proposta adotava outras perspectivas de definição da poesia e da arte. Nesse sentido, o evento está inserido na concepção acadêmica e institucional inovadora da PUC-Rio daquela época, uma vez que a instituição de ensino promoveu vários encontros de professores de Literatura para discutir questões literárias e culturais, rompendo com uma tradição de saber dicotômica e excludente. Como foi explicitado anteriormente, naquela época, atuavam na PUC-Rio intelectuais com uma formação díspar, oriundos de diversas procedências geográficas e institucionais, como Silviano Santiago, Luiz Costa Lima, Dirce Côrtes Riedel e o próprio Affonso Romano de Sant'Anna.

O repertório de textos expostos na Expoesia I abrigava categorias variadas de produção literária: dos poemas ingênuos e românticos, até os mais sofisticados objetos de vanguarda; desde a poesia já canonizada pela academia, até a literatura de cordel nordestina (nos idos dos anos 1970, o cordel não fazia parte da academia). Como acontecimento singular, a Expoesia rompeu com uma tradição elitista que separava a "boa poesia" da "má poesia", questionando os conceitos de estética, vanguarda e arte. A partir desses aspectos, pode-se entender o significado do título do poema "A morte cíclica da poesia, o mito do eterno retorno e outros problemas multinacionais" na medida em que a anunciada morte diz respeito ao deslocamento de vários preconceitos literários e culturais, e à ruptura com determinadas concepções da lírica, já estratificadas historicamente.

A Expoesia anunciava ainda o rompimento das fronteiras entre poesia e música popular, temática desenvolvida na coletânea de ensaios *Música popular e moderna poesia brasileira*. Ao se realizar na academia, esse evento propiciou a fusão dos diversos espaços culturais na busca de uma alternativa ou, pelo menos, de uma interpretação para alguns impasses da cultura brasileira naquele período. A Expoesia mobilizava então forças de democratização da arte e da cultura que se anunciavam no âmbito institucional brasileiro, cuja demarcação temporal efetuada por Silviano Santiago (1998), no seu ensaio "Democratização no Brasil: declínio da arte, ascensão da cultura", é a dos anos compreendidos entre 1979-1981. É necessário esclarecer que essas forças de democratização do saber, acionadas naquele acontecimento da PUC-Rio, não correspondem efetivamente ao processo de democratização política do país.

É assim, nesse contexto de democratização da arte e da cultura, de quebra de determinados pressupostos que sustentam ordens fixas e dicotômicas, contexto de trânsitos, diluição de fronteiras e migrações – geográficas, institucionais e discursivas –, que os textos de Affonso Romano de Sant'Anna podem ser lidos. Na sua produção literária, vários textos deflagram uma preocupação com o quem, o onde, o como e o quando da atividade poética, como se pode ler em *A grande fala do índio guarani...* – "Onde leria eu os poemas do meu tempo?", "Onde se inscreveria o escuso texto do meu tempo?", "Como leria eu os poemas do meu tempo?" – indagações que apontam para uma postura reflexiva que se introduz no espaço poético, com o abrandamento dos traços expressivos característicos do texto lírico, mas estabelecendo uma vinculação da literatura com seu momento histórico e social. Essa vinculação traduz uma marca da atuação do intelectual Affonso Romano de Sant'Anna: o desejo de estar sempre inserido em seu tempo. Por isso, a busca incessante de novos territórios linguísticos, novos suportes para figuração de suas identidades, transitando hoje pelo ciberespaço, disseminando imagens: figurações de um eu fragmentado e múltiplo.

3. Escritores anfíbios: ficções críticas

> *Sempre que tento atingir um limite, ele se afasta, situando-se noutro lugar.*
>
> (Evando Nascimento, Retrato desnatural)

Aproprio-me da expressão de Silviano Santiago, no ensaio "Uma literatura anfíbia", incluído na coletânea *O cosmopolitismo do pobre*. Originalmente, o texto foi uma palestra lida em homenagem ao escritor José Saramago, em abril de 2002, nos Estados Unidos, delineando algumas reflexões sobre o caráter anfíbio, isto é, ambivalente, híbrido, da literatura brasileira no século XX, resultante de uma "dupla e antípoda tônica ideológica": inicialmente, a nossa literatura dramatiza a necessidade do resgate dos miseráveis a fim de elevá-los à condição de seres humanos. Por outro lado, procura realizar uma análise da burguesia econômica nos seus desacertos e injustiças seculares.

Interessa a Silviano chamar a atenção para a mescla entre arte e política no texto de escritores do século XX no Brasil, referindo-se à inserção ocorrida na esfera literária de discussões de cunho político e socioeconômico-educacional, explicitando que a "atividade artística do escritor não se descola de sua influência política" (SANTIAGO, 2004a, pp. 66 e ss). Essa contaminação entre arte e política, diz Silviano, é a "forma literária pela qual a lucidez se afirma duplamente", pois a "forma literária anfíbia requer a lucidez do criador e também a do leitor". Apesar de Santiago não citar os nomes de escritores, sabemos que, entre tantas outras referências, ele está falando de sua própria literatura.

Recorro ao termo "anfíbio", utilizado por Santiago, não para tratar das relações entre arte e política, ou literatura e política, mas pela sua capacidade para definir o híbrido, a mescla, a ambivalência constitutiva dos textos de escritores ficcionistas, teóricos, críticos e ainda exercem ou exerceram a atividade docente – os intelectuais múltiplos. Anfíbio define simultaneamente a condição de pertencimento a uma determinada ordem discursiva (como a de ficcionista, por exemplo) – o viver dentro anfíbio – e também a condição de estar fora, de ser outro, de transitar por outros territórios – habitar o entrelugar de sua própria constituição de sujeito polivalente, estabelecendo mesclas, hibridismos, contaminações. Anfíbio, como desdobramento do entrelugar, é a marca daquele constituído pelas trocas, pela multiplicidade, pela diversidade de registros, valores, temporalidades e espacialidades.

Evando Nascimento, também um escritor múltiplo, em *Retrato desnatural (diários – 2004 a 2007)*, estampa em um dos fragmentos que se disseminam pelas páginas do seu diário ficcional a seguinte definição poética: "anfíbio e/ou biodiverso/ ou/e/ anfibiodiverso/ anfibiuniversos/ bí/fidos/ deglutição (negativa)". Esses versos antecedem o verbete sobre antropofagia ainda como devoradora de uma cultura da violência, quando na verdade o que interessa "é aproximar os supostos contrários", pôr "em contato o diverso e o diverso para fazer vir o + diverso, o multiverso ou o anfibiodiverso".

A condição de anfíbio que aparece explicitamente nomeada nos dois exemplos trazidos como deflagradores das reflexões sobre a literatura como espaço da crítica constitui-se então como uma metáfora conceitual que possibilita pensar o próprio estatuto da literatura contemporânea, como quer Silviano Santiago no seu ensaio "Uma literatura anfíbia" e, consequentemente, a condição de escritor contemporâneo como anfíbio, diverso, múltiplo, biodiverso, anfibiuniversos, como denomina Evando Nascimento.

Em uma entrevista concedida a Eucanaã Ferraz, Antonio Carlos Secchin e Renato Cordeiro Gomes, originalmente publicada no *Jornal Metamorfose* (2006) e publicada posteriormente na Coleção Encontros – *Silviano Santiago*, Santiago afirma que o homem de letras deve ser como um jogador de futebol, *polivalente*, e explica:

> Gosto do adjetivo polivalente porque ele se decompõe em duas unidades que servem para interpretar as facetas complementares de quem se arrisca a ser múltiplo: poli e valente. Há que ser valente para ser poli. [...] Na cobertura do espaço literário, no ataque e na defesa é preciso que o escritor (jogador) polivalente tenha noção muito precisa dos adversários e dos companheiros de equipe (COELHO, 2011, p. 143).

Estão aí estabelecidas algumas vertentes com um desdobramento importante para as questões tecidas a partir da atuação do escritor múltiplo, anfíbio, polivalente, que produz uma literatura também anfíbia, híbrida, na qual as fronteiras da ficção e da crítica, da ficção e da teoria, da ficção e do discurso pedagógico se esboroam e são produzidas ficções críticas, espaço indecidível que é ficção e é crítica, é ficção e é ensaio e/ou é crítica e ficção e/ou ensaio e ficção. No texto citado acima, Santiago insere-se em uma linhagem de escritores que afirmaram a importância do *poeta-crítico*. Como poetas da modernidade, os "mestres" a quem Silviano se refere iniciam um movimento de ruptura das fronteiras discursivas, acentuado com o transcorrer do século XX e início do século XXI, tornando o espaço literário cada vez mais híbrido, mesclado, indecidível, constituído por múltiplas marcas, estabelecendo-se como texto anfíbio: ficções críticas.

> [...] se tivesse que me definir, diria que sou ficcionista-ensaísta ou ensaísta-ficcionista, creio que a inversão não muda em nada nos respectivos e combinados papéis. ou muda. jamais me consideraria poeta, dramaturgo, nem mesmo romancista ou contista. não tenho talento para nem provavelmente tento desenvolver. diviso frequentemente pedaços de narrativa no que faço, mas que nunca chegam a se inserir num todo, como é o caso do romance. nem têm um sentido completo em si mesmas, como é o caso do conto. *partido* seria o meu estilo, contendo gota a gota o cotidiano, pois diria também que sou *diarista*, nada mais. [...] vivo do que escrevo cotidianamente, tais os jornalistas, mas com outros fins. quais? (NASCIMENTO, 2008, p. 226. Grifos do autor).

Esse trecho do livro de Evando Nascimento, *Retrato desnatural (diários – 2004 a 2007)*, demarca o estatuto do escritor e, consequentemente, da escrita literária na contemporaneidade ou pós-modernidade. *Retrato desnatural* é o primeiro livro de ficção desse intelectual, também teórico, crítico, professor da UFJF, tradutor de Derrida. A expressão "diria que sou ficcionista-ensaísta ou ensaísta-ficcionista" define a sua dupla e simultânea condição de ficcionista e ensaísta na própria escrita de *Retrato desnatural*, caracterizando o seu estilo ao declarar "*partido* seria o meu estilo".

Ser ensaísta-ficcionista ou ficcionista-ensaísta não diz respeito apenas à dupla situação de Evando Nascimento de ser ficcionista e de exercer também as atividades de crítico e de teórico da literatura e da cultura. Esta duplicidade se insere na escrita de *Retrato desnatural*, possibilitando a construção de um estilo *partido*, isto é, fragmentado e fragmentário, espaço flutuante de dispersão, em que o leitor é convidado a percorrer uma escrita em constantes entrecruzamentos, espécie de hipertexto com muitos *links* que podem ser acessados aleatoriamente e são, concomitantemente, literatura e crítica, ficção e ensaio: ficção crítica.

Se o ensaio rompe com as fronteiras entre literatura e ciência, uma vez que rasura o rigor formal do texto científico do artigo, contaminando-se com a liberdade criativa da ficção, temos em *Retrato desnatural* exercícios de opinião – poética, estética, ética, política, cultural – sem fundamento único, uma *poética da decomposição*, expressão que encontro em um artigo de Evando Nascimento (2001) ao analisar o conto de Clarice Lispector "Os desastres de Sofia", e da qual eu também me aproprio para definir os labirintos abismais da escrita performativa do próprio Nascimento, que escreve e reescreve os seus pensamentos em consonância com dois autores coirmãos de escrita: Montaigne e Pascal. Estes autores podem ser lidos a partir de qualquer ponto do livro e dos diversos extratos dos seus textos que não compõem uma totalidade, a despeito da complexidade que nenhum exegeta esvazia (NASCIMENTO, 2008).

Encontro também em *Retrato desnatural* um fragmento denominado de "decomposição (reticências)" que confirma a decomposição como procedimento de composição da própria arte. Já na epígrafe do fragmento declara-se: "estou decompondo/ tom jobim, quando lhe/ perguntavam se/ andava compondo". Assim, compor é decompor e neste movimento de associações prismáticas do pensamento já se insere o viés crítico do texto ficcional de *Retrato desnatural*, a se configurar como um gênero inclassificável, indecidível.

No movimento de decomposição – de desleitura? – rompem-se as fronteiras entre os diversos gêneros discursivos, literários e não literários. A força dessa ruptura transborda os limites da literatura, misturando formas distintas, sejam elas literárias ou não. Tudo fica contaminado pela ficção, é e não é ficção. Por esta via, pode-se entender o trecho inicial do fragmento "canteiro (obras)":

> o diário seria mesmo o gênero dos gêneros, onde cabem cópias, notícias, reportagens, entrevistas ao vivo, densos relatos – toda uma resenha do chamado dia a dia, que cotidianamente *assalta*, mas nunca da vida inteira. exerço, pois, uma auto-observação do entorno. digo as maiores verdades como disfarce de segredos inconfessáveis (NASCIMENTO, 2008, p. 159. Grifos do autor).

E logo em seguida, no fragmento "ócio", continua:

> ócio: vale não fetichizar nenhum gênero, vale não desprezar nenhum gênero. eis a dobradiça que nos liga à *quase* impossível tarefa de amar a poesia sem idolatria, o romance sem adoração, a peça, o ensaio sem idealizações. os gêneros são como peças de dominó, para serem jogados, decantados, recombinados, transmutados. fixar-se em gênero pode ser momentaneamente importante. prender-se em definitivo a um só é mortal (NASCIMENTO, 2008, p. 159. Grifos do autor).

Temos assim um projeto de escrita ficcional e ensaística em prosa e verso, é diário ficcional e tudo mais: poesia, prosa poética, romance, microensaios, bioficção, verbetes de dicionário, carta, reportagem, e-mail, blog, resíduos, "pedaços", "restos" de informações, observações do entorno e pensamentos em constantes deslizamentos. No espaço literário, o viés crítico em relação ao já constituído se faz não apenas pelo diálogo com os mestres do passado ou com os seus contemporâneos, mas decompondo-se a escrita em fragmentos performativos, em processos sempre abertos e dobradiços, pois os registros não se esgotam em uma súmula totalizadora da representação clássica, porém transbordam (os registros) nas múltiplas entradas e saídas – nos *links* – desse hipertexto inclassificável, mas é também literatura, espaço efetivamente democrático e lugar onde tudo pode ser dito, conforme lições de Jacques Derrida.

Como crítico e intérprete de seu tempo, em *Retrato desnatural*, Nascimento não se limita a ler apenas textos literários. Seu interesse vai além, e a escrita dobradiça de seu livro é inspirada no "zoo ilógico" (NASCIMENTO, 2008, p. 27) das esculturas de Lygia Clark, nas formas geométricas articuláveis de *Bichos*, "com suas cediças dobraduras", *um organismo vivo*, uma obra atuante, manipulável e que se desdobra na interação do receptor-espectador-leitor. Essa escrita dobradiça parece ser uma das marcas das ficções críticas de escritores anfíbios, pois ela aparece também em textos de Silviano Santiago, como no romance *Stella Manhattan* ou em *O falso mentiroso: memórias* em que o narrador protagonista desdobra a sua história e se desdobra na sua narrativa a partir do ponto de vista pelo qual ela é dramatizada. Entre as possibilidades para se compreender a presença desse procedimento nos textos referidos, destaca-se a inscrição do "narrador dobradiça" por trás da escrita, um narrador ficcional e "real", poeta e cronista, romancista e ensaísta, que transita no espaço textual deixando-se capturar por uma "anfibiologia", isto é: "hibridismos, místicas mestiçagens, pálidas androginias" [...] "pluribiologia", como se declara no fragmento "águas (fortes)" (NASCIMENTO, 2008, p. 91), em nova referência a Lygia Clark, considerada madrinha e matriz do zoo pessoal e ilógico do a(u)tor.

Retrato desnatural compõe-se – ou se decompõe – em seis partes ou seções. A primeira intitula-se "escrevendo no escuro". Trata-se de um conjunto de poemas e na epígrafe que abre essa parte o a(u)tor declara ter sido "imperativamente necessário/ escrever na primeira pessoa, mas/sem ingenuidades, com todos os disfarces" (NASCIMENTO, 2008, p. 11). Aqui o sujeito aciona os seus arquivos, seus fichários de informações/ interpretações, resultantes de vivências, de impressões e de observações do cotidiano, dramatizadas por um sujeito que é simultaneamente a(u)tor.

Depois da segunda seção, o texto se desdobra em "2. pedaços" "3. interversões", "4. respirações", "5. microensaios", "6. restos". Se *"reescrever dá uma lucidez que desnorteia"* (NASCIMENTO, 2008, p. 81), o processo de leitura e releitura, escrita e reescrita expande-se pelos fragmentos das diversas seções dessa escrita sem limites, e temas já dramatizados retornam em incessantes jogos cênicos, movimentações que flagram micro-observações distintas sobre um mesmo assunto, um mesmo objeto estético e um mesmo autor, como as referências à obra de Lygia Clark, Marcel Duchamp, Hélio Oiticica, Arlindo Daibert, Mário de Andrade, Augusto dos Anjos, Octavio Paz, ou sobre a antropofagia e as vanguardas artísticas do século XX, os conceitos de "arte" e "anti-arte", questões a respeito à crítica literária e cultural, à identidade nacional, às diversas linguagens artísticas, como o cinema e as artes plásticas, e à própria língua portuguesa. Enquanto crítico literário e cultural, é notável o conhecimento desse a(u)tor das diversas literaturas e culturas, como a cultura americana, a francesa, a grega, bem como a cultura brasileira, a baiana, a carioca, assinalando as marcas da cultura na qual está "inserido", ao demarcar o seu lugar na literatura e na cultura brasileiras, como no trecho do microensaio das páginas 254 e 255, ao qual retornarei mais adiante.

No processo de decomposição-composição através do fragmentário e da dispersão, Evando Nascimento privilegia a potência do micro: "pedaços" e "restos", vestígios de observações, de percepções, de rastros do lido e do escrito são convocados no sentido de praticar microinter*versões* (NASCIMENTO, 2008, pp. 246 e ss) no tecido literário e cultural, pois "não há projeto social sem [...] reinvenção de valores", alertando, todavia: "– não através de quebra mas por suave deslizamento". A irrupção da força de uma microfísica do poder é deflagrada pela ação visceral e radical das microinter*versões* no sentido de abalar o banal e o já constituído. De acordo com o dicionário, interversões é modificação, transtorno da ordem habitual, "interversão" das palavras em uma frase. Para Nascimento (2008, p. 115), a palavra "*intervenção* [...] ainda contém um sentido policialesco que incomoda muito. daí inter*versão* que seria um modo de intervir sem 'intervir', de agir sem interagir no sentido banal e programado que a ação do verbo passou a ter, atuando então segundo outras forças".

Assim, a seção microensaios amplia a possibilidade de microinterversão da escrita de *Retrato desnatural*. No verbete "ensaio (experiência)" declara-se que "estes (micro)ensaios propõem simples exercícios de opinião, sem a marca doutrinadora do gênero. ninguém precisa concordar, nem há exatamente liberalismo. antes talvez caiba sair da reatividade para a menos usual prática da reexperimentação" (2008, p. 251). Como foi registrado anteriormente, o ensaio quebra as fronteiras entre literatura e ficção, uma vez que no ensaio "pulsa também um certo desejo (sempre incompleto enquanto realização) de transgredir os lugares demarcados para cada tipo específico de saber. O ensaio, muitas vezes, se quer ficção. A ficção, muitas vezes, se quer também ensaio" (SANTOS, 1989, p. 33).

Seria possível afirmar que nessa seção mais se torna visível o viés crítico da ficção de Evando Nascimento? Por que a advertência do a(u)tor "ao leitor incauto, não muito afeito a ideias em literatura", na abertura desse conjunto de textos, recomendando "saltar estas páginas e ir direto à próxima seção", uma vez que as partes são autônomas?

Embora essa escrita sem fronteiras adote procedimentos de repetição na diferença para redistribuir os movimentos do pensamento crítico do a(u)tor, são os microensaios que estampam com mais intensidade a sua face de crítico da literatura e da cultura. A configuração dos textos dessa seção não abandona o estilo partido das demais, entretanto adere com mais evidência a uma linguagem discursiva e argumentativa, expondo a presença do a(u)tor como crítico da literatura e da cultura no tecido textual. Entre os vários fragmentos que compõem a seção, elejo uma carta dirigida a um "amabilíssimo crítico", interpelado ironicamente pelo a(u)tor, no sentido de elucidar o seu (entre)lugar no século XXI.

A carta dramatiza um debate entre o escritor e o crítico e, por meio desse diálogo, são discutidas as questões da contemporaneidade artística: as noções de modernidade e de pós-modernidade, a relação do escritor com a tradição, a tradição do novo, a construção de uma genealogia, a afirmação da singularidade como marca de um indivíduo. Esses temas são mobilizados no sentido de promover uma distinção entre "pertencer", palavra que teria sido utilizada pelo crítico para situar o a(u)tor na modernidade, e "participar", mais apropriada, segundo o próprio a(u)tor, para compreender o seu (entre)lugar na cena artística dos séculos XX e XXI. A palavra "pertence" fixaria e estancaria os fluxos provenientes das múltiplas linhagens – "mães-pais culturais" – que circulam pelas bordas do *Retrato desnatural*. Já a palavra *participa*, grafada em itálico na carta, possibilita entender melhor a redistribuição dos fluxos migratórios da escrita, afirmando simultaneamente o pertencimento e o não pertencimento do a(u)tor à produção literária e cultural do século XXI, confirmando a sua constituição de escritor anfíbio.

A ironia contida na carta e a consistência argumentativa das questões críticas e teóricas desenvolvidas traçam as tensas relações entre o escritor e o crítico. Este aspecto pode ser percebido desde o trecho inicial da carta:

> sim, amabilíssimo crítico, o senhor tem toda razao, o que escrevo *participa* da modernidade estética, ética, política, cognitiva, e o que mais desejar. participa mas não "pertence", talvez. porque nasci no século ora findo e cresci ouvindo, tocando, aspirando, vendo, comendo, bebendo e admirando o que a modernidade inventou, do mais suposto vulgar ao mais delirante sublime (NASCIMENTO, 2008, p. 254).

No desenvolvimento da carta, fica evidente o conhecimento do a(u)tor das diversas vertentes das teorias-críticas contemporâneas, dramatizadas no sentido de pensar a indagação: "como criar sem romper nem se alinhar?" Uma possibilidade para essa saída é a afirmação de uma "singularidade inexemplar", apontada como modo de diferir, de divergir, em um contexto no qual tudo está dito:

> Independentemente de todo cortejo de possibilidades de diálogo sem simples ruptura com a modernidade, o que importaria hoje seria o *singular*, a experiência vivida que se deixasse contaminar pelas letras e traços mas ao mesmo tempo lhes fosse irredutível (NASCIMENTO, 2008, p. 255).

Singularidade confirmada aqui como característica das ficções críticas de Evando Nascimento no âmbito dos escritores acometidos pelo mal de docente, o qual, como já comentado anteriormente, é uma expressão de Silviano Santiago (2004a) para definir essa impossibilidade que tem o escritor contemporâneo, que é simultaneamente teórico, crítico e docente, de despregar-se de seus múltiplos perfis, suas várias funções, produzindo uma ficção que exibe constantemente as marcas do teórico, do crítico, do docente e se constitui como uma ficção crítica.

A afirmação de Evando Nascimento, por sua vez, é um convite para se pensarem os impasses de uma reflexão quando ela se confronta com uma pluralidade de singularidades com intensidades variadas, e elas são agrupadas para constituir um determinado *corpus* de estudo. Sendo possível construir um *corpus* com esses escritores polivalentes para redesenhar as linhas de fuga as quais sustentam os seus diversificados percursos textuais, é importante considerar também que cada assinatura representa um projeto intelectual expondo o próprio traçado enquanto singularidade e tem repercussões distintas em relação aos demais projetos.

Como pensar, por exemplo, *Poesia sobre poesia*, de Affonso Romano de Sant'Anna, em relação às considerações aqui desenvolvidas? E *O falso mentiroso*, *Viagem ao México* e *Em liberdade*, de Silviano Santiago? *E cantos delituosos* e *Meu amigo Marcel Proust*, de Judith Grossmann? *E poesia, pois é poesia*, de Décio Pignatari? E as *Galáxias*, de Haroldo de Campos? E as escrituras expandidas de Roberto Corrêa dos Santos? E a dramaturgia de Cleise Furtado Mendes? E a produção de tantos outros escritores inseridos nas universidades, muitos deles tendo frequentado os cursos de criação literária que hoje integram os currículos de Letras?

Quais os limites e deslimites dessa anfibiologia?

Os desafios são muitos, pois essas singularidades parecem querer afirmar cada vez mais o seu caráter de inexemplaridade, solicitando um leitor capaz de flagrar as circunvoluções de uma escrita em incessantes atravessamentos de fronteiras.

4. O leitor astucioso

> *Não tive mãe. Não me lembro da cara dela. Não conheci meu pai. Também não me lembro da cara dele. [...]*
> *Adivinho.*
> *Posso estar mentindo. Posso estar dizendo a verdade.*
>
> (SILVIANO SANTIAGO, O FALSO MENTIROSO)

É dessa forma que o narrador de O falso mentiroso inicia a reconstituição de suas memórias, pelas quais fornece ao leitor uma série de reinvenções de sua história pessoal e familiar. Na orelha do livro, Karl Posso apresenta o romance como um texto picaresco que brinca com a própria identidade da obra autobiográfica, ampliando as controvérsias relativas à divisão entre fato e ficção, e às ideias de autoria, subjetividade e representação, em que "o *narrador astucioso* de Silviano nos oferece uma versão sardônica do drama edipiano". Destaco a expressão *narrador astucioso*, utilizada para caracterizar esse narrador emaranhado na proliferação transbordante de vários eus ilegítimos, pois astucioso terá que ser também o leitor dessa narrativa que, desde o título, produz-se e monta-se em um paradoxo: o do falso mentiroso. Na contracapa do livro, explicita-se "O falso mentiroso: paradoxo atribuído a Euclides de Mileto (séc. IV a.C.), cuja forma mais simples é: se alguém afirma 'eu minto', e o que diz é verdade, a afirmação é falsa;

e se o que diz é falso, a afirmação é verdadeira e, por isso, novamente falsa etc. (Enciclopédia Mirador)".

Como ler um texto que se configura como um paradoxo? Por que oferecer ao leitor um texto constituído como um paradoxo? O texto literário é paradoxo? E o que é um paradoxo? Por que recorrer ao paradoxo do falso mentiroso para reconstituir suas memórias? E de quem são essas "memórias"? Do ficcionista? Do narrador? Do narrador ficcionista? Que pacto de leitura pode ser estabelecido com o paradoxo do falso mentiroso? Quais instrumentos são necessários ao leitor para ler um texto como *O falso mentiroso*, de Silviano Santiago?

Em princípio, o próprio texto fornece as pistas para a sua leitura. Considerando distintos níveis de leitura e tipos de leitor, a leitura pode ser mais ou menos produtiva no sentido de extrair do texto um feixe mais amplo ou mais restrito de significações. Considerando ainda que a leitura envolve investimentos subjetivos diferenciados e estratégias de abordagem dependentes de aspectos formais, teóricos e críticos, pode-se afirmar que cada leitura suscita questões cujos espectros de significações atravessam diversos territórios discursivos, disciplinares etc. Um leitor que lê descompromissadamente, por deleite e passatempo, é diferente de um leitor especializado, comprometido com protocolos institucionais, levando-o a transformar o drama ficcional em tramas (in)disciplinares, traduzindo ou encorpando questões de múltiplas naturezas.

Assim, um texto como *O falso mentiroso* pode ser considerado, em um determinado nível de leitura, como uma divertida e alegre narrativa de um falsário a reconstituir as suas memórias como um jogo que embaralha verdade-mentira e, a partir daí, mobiliza aventuras e desventuras na reconstituição das suas traumáticas identidades, fornecendo ao leitor uma interessante pintura da sociedade do Rio de Janeiro na década de 1940 – uma metáfora para representar o Brasil de hoje –, à medida que faz proliferar as interpretações de seus variados eus, legítimos e ilegítimos. O texto convoca constantemente a imaginação do leitor para resolver os impasses narrativos, sustentados em contradições – paradoxos – em que tudo é e não é, tudo pode ser verdade e mentira, fato e ficção. A liberdade criadora do ficcionista convoca a imaginação leitora para uma aventura desnorteante, pois se a palavra *memórias* na capa do livro poderia indiciar um signo apaziguador, uma vez que um dos pactos da leitura se estabelece com esta palavra a apresentar ao leitor uma tipologia textual específica, aqui ela se torna um signo de estranhamento, de desordem, já que o teor de veracidade e de legitimidade do testemunho indicado pela denominação *memórias* encontra-se corrompido pelo próprio título *O falso mentiroso* e pelas sucessivas assertivas contraditórias proliferantes na fala do narrador. Observe-se o trecho:

> Há uma terceira e mentirosa versão que descreve as circunstâncias excepcionais do meu nascimento. Circula na família da mamãe, a falsa. [...]
> Erro ao adjetivar a terceira versão como *mentirosa*. Se há (eu) original e (eu) cópia, por que não pode haver um terceiro eu? Passo de gêmeos a trigêmeos.
> O gêmeo mais velho – filho de uma qualquer com um qualquer. O gêmeo mais novo – filho da Senhora X com papai.
> Ou será que todas as três versões são falsas? Ou será que todas as três versões não são falsas? Eu existo duas vezes. Ele existe uma terceira vez conosco. Nós existimos, os três.
> (SANTIAGO, 2004a, pp. 61-62).

O leitor comum embrenha-se imaginária e ludicamente nessas intrincadas proposições, muitas vezes sem se dar conta das peripécias desse *astucioso narrador* – como dito, denominação de Karl Posso, na orelha do livro – que o envolve afetivamente nas malhas da letra. Todavia, nesse ágil jogo das antinomias verdade e falsidade, fazendo proliferar os paradoxos, as ambiguidades e as duplicidades que constroem as memórias do falso mentiroso, encontra-se também *um leitor astucioso* que, por sua vez, convoca outros tantos leitores astuciosos, para traduzir as questões literárias e culturais embutidas na trama das reinvenções da história desse sujeito pós-moderno.

Uma leitura mais atenta desse texto de Silviano Santiago, publicado em 2004, solicita, em primeira instância, um *leitor migrante*, nômade, em constantes trânsitos por territórios discursivos, uma vez que será preciso recuperar as sucessivas migrações e transmigrações promovidas pelos deslizamentos operados pela fala do narrador que trança, no espaço ficcional, os discursos característicos da atuação de Silviano Santiago no cenário cultural contemporâneo, compondo uma espessa malha textual, na qual se estabelecem as interseções entre discurso ficcional, discurso teórico e discurso crítico. Como docente, teórico e crítico, as reflexões desse intelectual transbordam para sua produção ficcional e a ficção alimenta e convoca as suas reflexões teórico-críticas.

Se ao narrador astucioso correlaciona-se um leitor astucioso, é necessário esclarecer que a palavra leitor tem aqui duplo estatuto: configura a escrita como um ato para o qual convergem as leituras do escritor, repercutindo e interferindo diretamente na fala do narrador e na constituição da narrativa, e define também o leitor enquanto tradutor e intérprete dos signos textuais, cujo papel não é conferir um sentido ao texto, mas, ao contrário, sua função é apreciar o plural do qual é feito o texto, disseminando as suas significações. Por sua vez, o viver em linguagem na pós-modernidade solicita esse leitor astucioso, capaz de migrar e transmigrar pelos signos e pelas linguagens que encorpam a malha cultural contemporânea. Trata-se, portanto, de delinear o perfil de um leitor comprometido com determinados protocolos de leitura, utilizando-se de aparatos interpretativos para sustentar os seus investimentos afetivos, pois, da perspectiva aqui esboçada, a leitura se processa em um entrelugar da afetividade e do saber. Saber precário, que não se quer totalitário nem totalizante, mas também nada tem de liberal, no que diz respeito a conferir ao texto um sentido consistente e unívoco.

Recoloco então algumas indagações levantadas no início dessas considerações sobre o paradoxo. Como leitora que fala de um lugar demarcado institucionalmente, que estabelece determinados rituais de leitura, além dos meus investimentos afetivos diante de *O falso mentiroso*, sinto-me sensibilizada pelas sucessivas migrações propostas por Silviano Santiago e me vejo compelida a recorrer aos dispositivos de leitura oferecidos ao leitor pelo próprio Silviano para atravessar os seus textos.

Inicio referindo-me a uma entrevista sobre *O falso mentiroso*, na qual Silviano desenvolve considerações sobre o paradoxo. A entrevista foi concedida a Carlos Eduardo Ortolon Miranda, denomina-se "Literatura é paradoxo" e, como o título indica, afirma a constituição paradoxal da literatura. Diz Silviano:

> A ficção é antes de mais nada, enquanto configuração ou definição, uma mentira, uma invenção, uma fabulação. Uma mentira, uma invenção, uma fabulação que acompanhada da palavra "ficção" ou da palavra "literatura" adquire um

valor de verdade sobre aquele tema que está sendo tratado. Se por acaso o tema tratado é o Segundo Reinado no Brasil, não há dúvida nenhuma que Machado de Assis seria aquele que melhor mentiu, aquele que melhor falseou, aquele que melhor inventou esse período histórico (MIRANDA, 2006).

Esse caráter paradoxal da literatura tem sido apontado por outros escritores – Guimarães Rosa, em entrevista a Günter Lorenz, afirma algo semelhante – e por teóricos da literatura, como Roland Barthes, ao elucidar o fato de a literatura romper com a *doxa*, com o senso comum. Entretanto, *O falso mentiroso* radicaliza essa característica, transformando o paradoxo em peça importante para a construção das memórias do narrador-ficcionista, à medida que exibe, através do título, um paradoxo, o jogo entre verdade e falsidade: afirma-se o discurso como mentiroso e, ao mesmo tempo, diz-se ser um falso mentiroso, transformando-se em uma proposição verdadeira. A palavra jogo, aqui utilizada, vai além de uma referência à atividade lúdica e prazerosa da leitura. Ela adquire um estatuto teórico-crítico, epistemológico, no sentido que lhe emprestou Jacques Derrida (1971, pp. 227-249), em seu difundido artigo "A estrutura, o signo e o jogo no discurso das ciências humanas", correspondendo ao descentramento dos binarismos e das dicotomias platônicas, metafísicas e etnocêntricas.

O leitor terá que lidar, ao atravessar o espaço textual, com peças embaralhadas, pois esse jogo de verdade-falsidade expande-se na narrativa sem fronteiras e limites estabelecidos, irrompendo em várias situações, mobilizado pelos processos de fabulação "em tempos pós-psicanalíticos" do narrador-protagonista Samuel Carneiro de Souza Aguiar, e pela desconcertante atividade do copista Samuel que, como pintor, dedicava-se a copiar e a reproduzir em telas as gravuras do expressionista Oswaldo Goeldi (1895-1961). Esses fios temáticos – a fabulação e a constituição da identidade e a atividade artística apresentada como cópia – propiciam a construção das antinomias e contradições das *memórias*, as quais não devem ser interpretadas como dados excludentes, antagônicos, porém suplementares, fornecendo significações em excesso, nos deslimites do jogo infinito da linguagem. Nessa perspectiva, desmorona-se qualquer tentativa de abarcar uma totalidade, uma completude, uma unicidade, uma autenticidade, e esse aspecto representa um dos pontos paradoxais mais conflitantes que contribui para os impasses da leitura e, também, para o prazer do texto.

Volto à citação com a qual iniciei essa leitura, pois ela problematiza a identidade do sujeito, rasurando a noção de origem: "Não tive mãe. Não me lembro da cara dela. Não conheci meu pai. Também não me lembro da cara dele. Não me mostraram a foto dos dois. Não sei o nome de cada um" (SANTIAGO, 2004a, pp. 9 e ss.). É esta rasura que permite ao narrador-protagonista assumir-se bastardo – "Não tive mãe. Não tive pai." – e reinventar a sua história como múltiplas histórias – verdadeiras? falsas? bem contadas? mal contadas? – em tom de ironia e quase galhofa, afastando qualquer ressentimento em relação às traumáticas – e também alegres – peripécias a respeito de sua origem. Apesar da "lacuna" da falta da imagem paterna na lembrança dos primeiros dias de vida ser a causa do "torcicolo" que acompanha o narrador-protagonista na "idade madura", a lição nietzschiana do não ressentimento se espraia no espaço narrativo, constituindo uma das vertentes teóricas de sustentação ao drama picaresco do falso mentiroso.

Entretanto, é pelo crivo do habilidoso leitor de psicanálise que o narrador-ficcionista constrói as versões das histórias de Samuel Carneiro de Souza Aguiar. A presença da psicanálise é bastante evidente e pode ser encontrada na própria concepção de memória tecida nessa narrativa. Essa inserção do discurso psicanalítico no romance pode ser percebida por qualquer leitor, já que, em alguns trechos, o narrador apela para temas da psicanálise já consumidos por um público mais amplo, como na passagem abaixo, que estampa a noção da falta de imagem paterna, traçando um dos territórios mais visitados e digeridos da teoria freudiana – o drama edipiano:

> A falta da imagem paterna pode ser também a causa da lacuna. Causa ou efeito? Em virtude dos torcicolos e das consequentes aplicações no consultório do doutor Feitosa, acabei por voltar aos dias da maternidade. Por lá ter voltado, descobri-me enjeitado pelos pais e sequestrado por substituto (SANTIAGO, 2004a, p. 13).

Esta é apenas uma das encenações psicanalíticas das memórias, uma vez que o texto se monta em um sofisticado aparato acionando as releituras de Freud por Jacques Lacan, Jacques Derrida, Gilles Deleuze, Michel Foucault, dramatizando teorias que reconfiguram tipologias discursivas regidas pelos princípios de autenticidade, veracidade, legitimidade do narrado, como as biografias, as autobiografias e as memórias. Esses princípios cedem lugar para as incertezas, as precariedades, a multiplicidade de versões, e todas as versões podem ser simultaneamente falsas e verdadeiras, ilegítimas e legítimas, autênticas e inautênticas. Dessa forma, o narrador reconstitui as suas memórias exibindo pelo menos quatro versões para o seu nascimento. Uma versão não elimina a outra, e o paradoxo resulta da coexistência de todas as versões serem possíveis no processo de subjetivação do protagonista. Estão aqui esboçadas noções desenvolvidas pela psicanálise sobre a construção das identidades como uma constante reelaboração do vivido, ficcionalizando-se, desse modo, a história do sujeito pelas reinvenções da memória.

Na entrevista concedida a Carlos Eduardo Ortolan Miranda sobre *O falso mentiroso*, Silviano refere-se a esse processo como uma reorganização da "placa-mãe" da nossa memória, afirmando ser essa reorganização da "placa" uma nova invenção de identidade proposta no processo de subjetivação, que se apresenta necessariamente como precário e fragmentário. Afirma ainda Santiago: "O personagem não tem princípio, meio e fim, como tem um personagem do romance do século XIX de Balzac. O personagem se apresenta, para retomar uma expressão de Cortázar, como um modelo para armar." Ao leitor cabe assim a tarefa de armar, de montar, isto é, de entrelaçar esta pluralidade de sujeitos, de identidades, de histórias, sem procurar enquadrá-la em uma lógica ou gramática narrativa com o objetivo de compreendê-la em termos de totalidade e completude. O texto solicita ao leitor nos seus diversos meandros um movimento de acréscimos, de substituições, de suplementos, no qual significações se superpõem a significações em um gesto incessante que monta e dispersa ficções de ficções, paradoxos de paradoxos. Exemplifico com a citação:

> Não sei se conto. Conto. Na minha certidão a data de nascimento não é a do nascimento. É a data da minha morte para os meus pais. Os verdadeiros. O dia do meu nascimento na certidão é o do meu renascimento na casa dos meus pais. Os falsos.

> [...]
> Renasci na casa paterna. No berço do quarto de dormir do casal. Em Copacabana. Com o nome que trago.
> Somos dois. Somos um. Um é cópia do outro.
> Gêmeos, vá lá, já que ninguém morre nesta história.
> "Você pode ser acusado de falsidade ideológica", ouço a voz do leitor, rábula de porta de fórum, que me mete em brios (SANTIAGO, 2004a, p. 48).

Em se tratando de um texto memorialístico, o leitor logo se pergunta: de quem são as memórias do falso mentiroso? Aqui também as peças se entrecruzam, uma vez que, por mais absurdas e paradoxais que sejam as memórias do pintor Samuel Carneiro de Souza Aguiar e as mirabolantes versões do seu nascimento, elas apontam para as memórias do ficcionista Silviano Santiago, o "quadrigêmeo" de Samuel. Seriam também as memórias dos trigêmeos as memórias de Silviano? As peças se amontoam quando o leitor é presenteado com uma foto de Silviano ainda criança, na capa do livro, e quando alguns acontecimentos trazidos por Samuel confundem-se com traços biográficos de Santiago, como a data de seu nascimento: "Sou Virgem? Sou Libra? Nasci a 10 ou a 29 de setembro?" (SANTIAGO, 2004a, p. 161). Na carteira de identidade de Silviano Santiago, consta o registro da data de nascimento: 29 de setembro de 1936. Aliás, Karl Posso, na orelha do livro, chama a atenção para certos fatos das memórias de Samuel que nos "incentivam a identificar o narrador com o autor". Transgride-se assim o valor de autenticidade e de legitimidade do discurso memorialístico tradicional.

Se as memórias ficcionalizam o sujeito, dispersando cópias de cópias de eus legítimos e ilegítimos, a atividade de Samuel como pintor que copia as gravuras de Oswaldo Goeldi ratifica e dissemina os paradoxos de *O falso mentiroso*, possibilitando ler, por outro viés, as antinomias verdade-mentira. Além disso, afirma a mentira como a "perfeição da verdade", traçando a ética e a estética do falso e da mentira como estratégia de construção artística. Recorro às declarações de Samuel, esclarecedoras dessa problemática, quando revela que "O toque subjetivo da perfeição era presenteado à realidade pela mediação da cópia. [...] Copiar por copiar, continuava a copiar" (SANTIAGO 2004a, pp. 166 e ss.). Esta expressão "copiar por copiar, continuava a copiar" se espalha pela narrativa como uma espécie de refrão, definindo o modo de ser da arte – da pintura e, consequentemente, da literatura – como "Verdade ética, verdade estética. Falsas".

Na ética da mentira como estatuto da construção artística, "o similar é tão igual ao original quanto é diferente dele". Dessa forma, os (des)limites éticos e estéticos dessa atividade de copista são percebidos pelo pintor, ao fazer da cópia, do falso, do ilegítimo, da traição, a "perfeição da verdade". Declara Samuel: "Minha obra verdadeira e subterrânea começa no dia em que elegi como modelo o gravador Oswaldo Goeldi. [...] Artista a ser copiado. Traiçoeiramente. Na verdade, minha obra verdadeira e subterrânea começa no dia em que descobri como copiar Goeldi, sendo eu mesmo." Dramatiza-se aqui, por meio dessas considerações, o estatuto da representação artística na contemporaneidade. Pelo viés do copista-pintor, *O falso mentiroso* coloca a problemática do fingimento, da simulação, como o modo de ser da ficção literária, em geral, e da ficção de Silviano Santiago, em particular. As mentiras--verdades encenadas ganham um estatuto epistemológico capaz de fazer compreender os paradoxos que sustentam a atividade do astucioso copista Samuel, e das astuciosas in(ter)venções culturais de Silviano Santiago. Como leitora situada em um lugar do saber demarcado por determinados instrumentos de leitura, inspiro-me nessas astúcias e aproprio-me dos materiais disponibilizados por Silviano Santiago, como fios condutores suplementares.

Migro, então, para um ensaio intitulado "Epílogo em 1ª pessoa: eu e as galinhas-d'angola", publicado na coletânea *O cosmopolitismo do pobre*: crítica literária e crítica cultural, também publicado em 2004. Entre as pedagogias contidas no "Epílogo", nas quais Silviano faz uma reavaliação do seu projeto literário e cultural, recorto a da mentira, em que se deslinda uma espécie de estatuto da mentira: de tanto mentir a própria mentira, diz-se a verdade bruta. Essa pedagogia Silviano declara ter aprendido com alguns "mestres", citando Clarice Lispector, Jean Cocteau, Freud, Nietzsche, e mais alguns outros. Todavia, esclarece que as mentiras, "enquanto enunciado composto, fechado e dado como acabado, têm estatuto epistemológico que as distancia das simples e cotidianas enunciações minhas e nossas, de indivíduos por vezes e quase sempre mentirosos" (SANTIAGO, 2004b, p. 251).

Em meio a essas considerações, *O falso mentiroso* é trazido ao palco do "Epílogo", pois, com esse texto, Silviano Santiago radicaliza o projeto estético da mentira como estatuto da escrita literária, o que, paradoxalmente, está associado à mentira como possibilidade de perfeição da verdade, a mentira como "o modo mais radical de ser, de dizer a verdade, [...] a própria verdade" (2004b, p. 251). Essas citações, todavia, não parecem elucidar os paradoxos de *O falso mentiroso*. Ao contrário, disseminam outros paradoxos, inseminando-os em outro território discursivo – o do ensaio. Seria esse lance de dados apenas uma estratégia para seduzir e provocar os devaneios da imaginação do leitor? Quais instrumentos esse jogo de antinomias do "Epílogo" me oferece para que eu possa encaixar – armar – os paradoxos no projeto literário e cultural de Silviano Santiago? Como leitora, posso avaliar a repercussão dessa migração de paradoxos e compreender melhor qual o significado do "estatuto epistemológico" da mentira, expressão que leio como crucial para deslindar a mentira como a possibilidade de perfeição da verdade? A ética e a estética da mentira?

Transmigro para outros territórios discursivos que encontro com a assinatura de Silviano Santiago – textos ficcionais, ensaísticos, entrevistas, pedagogias deixadas nas instituições de ensino. Neles, constato a recorrência de questões literárias e culturais que, por atalhos diversos, encetam processos de revaloração do saber e do poder na cultura ocidental etnocêntrica, e, consequentemente, na cultura brasileira. Nesse contexto, o projeto de Silviano Santiago, traçado através dessa malha discursiva, erige-se como um ponto de resistência às estruturas repressoras e homogeneizadoras do Estado, da sociedade, da microestrutura familiar, abalando e revertendo valores estabelecidos.

Assim é que, dentro das estratégias de reversibilidade de categorias platônicas, Silviano Santiago, com a estética do falso e da mentira – que, por outras vias, já pode ser percebida em seus romances *Em liberdade*, *Viagem ao México*, *Stella Manhattan* etc. – teatraliza uma das marcas de maior risco do seu projeto literário e cultural, com vigorosas repercussões na contemporaneidade. Desde Platão, a literatura é condenada por não dar conta do valor de verdade, sendo a ficção definida como fingimento, simulação, falsidade, cópia. Em decorrência dessas definições, as valorações da literatura foram negativas, pois ela representaria um falso conhecimento, sendo incapaz de formar cidadãos. Essa concepção se inscreve na cena da *República*, no tribunal de condenação da literatura e da pintura.

É por isso que, com *O falso mentiroso*, Silviano Santiago, como habilidoso desconstrutor, oferta ao leitor um texto que prima pelos aspectos lúdicos, mas é, ao mesmo tempo, uma máquina de trituração do estabelecido, do senso comum, da *doxa*. Abala assim os fundamentos do edifício ocidental – do pensamento, do saber, do poder – que se ergueu tendo como base as dicotomias verdade/mentira, original/cópia, legítimo/ilegítimo. É por isso que, na estética de *O falso mentiroso*, em que a mentira da representação artístico-literária tem um estatuto epistemológico, o falso é apresentado como a possibilidade de mais bem se dizer a verdade, de se chegar à perfeição da verdade. A declaração de Silviano Santiago, na entrevista a Carlos Eduardo Ortolan Miranda, ratifica o poder de transgressão de seu texto, afirmando que "uma das maiores transgressões que se pode fazer ao platonismo é afirmar que a cópia é legítima". O movimento empreendido pela escrita literária de *O falso mentiroso* abala as oposições entre os termos, assumindo os paradoxos, fazendo dos paradoxos um modo de pensar e uma festa do intelecto, de louvação da literatura e da arte. Isto é, da multiplicidade sempre diferida da vida.

5. Bioficções: vozes expandidas

Escrever acentua os múltiplos.

(ROBERTO CORRÊA DOS SANTOS E
RENATO REZENDE, *NO CONTEMPORÂNEO*)

Tomo como epígrafe um fragmento de *No contemporâneo: arte e escritura expandidas*, de Roberto Corrêa dos Santos e Renato Rezende (2011, p. 48), para pensar as questões do espaço biográfico em textos de escritores múltiplos. A epígrafe evoca um aspecto mais geral da escrita contemporânea e, particularmente, da escrita desses autores: a possibilidade de ela ser atravessada por múltiplas alteridades plásticas e performáticas, enquanto escrita na escrita.

Na sua abordagem *Roberto Corrêa dos Santos: o poema contemporâneo enquanto o "ensaio-teórico-crítico experimental"*, Alberto Pucheu (2012, p. 70) afirma: "a escrita é a conquista de uma saúde, que traz, entre os seus modos, o de saber se outrar. Para diferir-se de si, para rachar-se enquanto um igual a si mesmo, para transformar o que se é em movimento ou devir..." Embora essas considerações estejam relacionadas ao projeto do "fazer artístico-escriptural" de Roberto Corrêa dos Santos, que, de forma arrojada, propõe o poema do contemporâneo em sua dobra "enquanto ensaio teórico-crítico-experimental" (PUCHEU, 2012, p. 36), recorro a estes operadores para acompanhar as dramatizações e as performances do escritor múltiplo em suas bioficções. Afinal, na dobra do poema enquanto ensaio teórico-crítico de Roberto Corrêa dos Santos – um escritor múltiplo – e de Renato Rezende, e na redobra do texto de Alberto Pucheu, o leitor ocupa o lugar vazio deixado pelos autores, concorrendo com eles na tarefa criadora.

Essa citação solta – a epígrafe da qual me aproprio, retirando-a do seu cenário "artístico-escriptural" – contracena com diversos outros fragmentos conceituais de arte e escritura expandidas, modulando as diversas forças que nutrem a escrita, tais como:

> Escrever vai até o quase entendimento.
> [...]
> Escrever ultrapassa soluções e sínteses e modelos.
> [...]
> Escrever desfaz códigos duros.
> [...]
> Escrever alarga temores.
> [...]
> Escrever racha encadeamentos teleológicos.
> [...]
> Escrever envolve sangue e movediços músculos.
> [...]
> Escrever anuncia alguém a reconhecer-se no vário
> (SANTOS e REZENDE, 2011, pp. 48-49).

Essas fulgurações do pensar criativo, que me interessam particularmente por Roberto Corrêa dos Santos ser também um escritor múltiplo – é professor de Teoria da Arte e de Estética do Instituto de Artes da UERJ, coordenando na pós-graduação a pesquisa "Para a Construção Adisciplinar de uma Teoria da Arte", tendo sido também professor de Teoria da Literatura e de Semiologia da UFRJ e da PUC-Rio –, convidam-me a revisitar o projeto intelectual de outros escritores múltiplos, como

Silviano Santiago, Judith Grossmann, Affonso Romano de Sant'Anna, Evando Nascimento, Haroldo de Campos e tantos outros, para observar os modos de performatização desses disseminadores de discursividade, sob o viés das bioficções.

Esse viés parece-me produtivo para efetuar uma releitura das questões biográficas em rede de escritas do intelectual múltiplo, título do texto no qual foram delineados os entrecruzamentos dos discursos teórico, crítico e pedagógico desses autores, a partir das marcas de suas leituras, interpretadas como biografemas inscritos no tecido textual e definem os seus possíveis perfis biográficos, não como uma essência ou como uma marca preestabelecida factualmente, porém como traços tecidos pelas suas diversificadas leituras. Portanto, pela própria literatura, pela teoria, pela antropologia, pela filosofia, pela sociologia, pela história etc.

Em decorrência desses constantes trânsitos por diferentes lugares de fala, a ficção desses autores se constitui de uma mescla de escritas de procedências variadas, rompendo as fronteiras entre literatura, teoria, crítica, discurso pedagógico, e também entre filosofia, história, sociologia etc., registrando a multiplicidade de atuações e de funções do sujeito inscrito em uma mesma malha textual, tornando-a indecidível nos seus contornos.

Nesta reflexão sobre os desafios do espaço biográfico, essa rede de escritas provoca indagações no sentido de verificar as pressões que perpassam esses textos sob o viés desse dispositivo contemporâneo – será um gênero?, será uma categoria? –, as bioficções. E a referência ao contemporâneo evoca, mais uma vez, as escrituras expandidas de Roberto Corrêa dos Santos e Renato Rezende, pois elas dispersam, nas suas microepistemes, características do contemporâneo as quais podem contribuir para a compreensão do campo do saber em que proliferam as bioficções:

> Contemporâneo: atos a recorrerem a interseções
> [cortes proximidades.
> [...]
> Contemporâneo: espalhar mais trajetos.
> [...]
> Contemporâneo: desconhecer com precisão o objeto.
> [...]
> Contemporâneo: indagar como indagar.
> [...]
> Contemporâneo: atuar sobre aquilo de que trata.
> [...]
> Contemporâneo: objeto e sujeito possuem-se.
> [...]
> Contemporâneo: o outro o outro o outro.
> [...]
> Contemporâneo: meios próprios de ficcionalização
> (SANTOS e REZENDE, 2011, pp. 72, 74, 75).

Essa lista de concepções pulverizadas e dispersas é bem maior do que a transcrição efetuada aqui e evidentemente o recorte realizado é interessado, ele representa a minha atuação sobre *arte e escritura expandidas* no sentido de encontrar elementos que possibilitem efetuar interseções, cortes, proximidades os quais propiciem o entendimento, ainda que em caráter precário e provisório, das biofccões dos escritores múltiplos.

Se "escrever acentua os múltiplos", pois toda escrita é perpassada pelas muitas alteridades de um sujeito, a citação colocada na abertura deste texto tem o seu sentido ampliado, já que nessas ficções existe um redobramento de alteridades agregando simultaneamente a figura do teórico, do crítico, do docente, fazendo girar os seus saberes, disseminando as suas microações.

Com efeito, mais do que ficções, esses textos são biofic-ções, na medida em que a vida desses atores culturais está ficcionalizada, encorpando-se no trançado da letra, espaço de performatização das alteridades. Mas esses textos são também autoficções, escritas de si, do sujeito que as produz, o a(u)tor, uma figura a exercer no cenário cultural e institucional várias atividades e funções. Já ficou evidenciado no desenrolar dessas anotações que, frequentemente, os livros desses escritores têm como subtítulo as expressões: memórias, diários, carta, estampando, por intermédio dessas formas, o movimento de ficcionalização de si, subvertendo e desconstruindo o teor de veracidade e de autenticidade que caracterizou esses gêneros da intimidade do sujeito. Nessas biofições, teorias críticas e pedagógicas tornam-se ficções teórico-críticas e ficções--pedagógicas, e por esse viés pode-se perceber também a dimensão ensaística dessas autoficções.

Nesta perspectiva, talvez seja possível considerar biofições e autoficções como bio-grafias, vidas inscritas em grafias, conforme as reflexões desenvolvidas por mim em *Grande sertão: veredas* – uma escritura biográfica. No intuito de interpretar *Grande sertão* como uma biografia do narrador protagonista Riobaldo Tatarana, o Urutu Branco, que, na sua narrativa autobiográfica, flagra-se constantemente como um outro, exibindo as suas diversas alteridades, foi possível perceber como o texto de João Guimarães Rosa fornece pistas valiosas para deslocar a noção tradicional do gênero, difundido pelos pressupostos positivistas do século XIX, estabelecendo uma causalidade entre o factual e o textual, entre a vida vivida e a vida grafada. Desconstruída essa premissa, ampliam-se os limites da biografia, confirmando a antológica afirmação de Paul Valéry já citada: "não há teoria que não seja um fragmento cuidadosamente preparado de alguma autobiografia." Nesse contexto, bioficção e autoficção são formas que efetuam o deslocamento das concepções tradicionais de biografia e de autobiografia; e se na contemporaneidade elas aportam assumindo o estatuto do indefinível e do inclassificável é por estamparem o teor de ficcionalidade de todo discurso. E esse estatuto parece ser o seu maior desafio.

As noções de bioficção e autoficção já estão difundidas em teóricos os quais problematizam e atualizam a concepção de espaço biográfico definido a partir do livro *O pacto autobiográfico*, de Philippe Lejeune, e rediscutem também o retorno do autor na literatura do século XXI. A expressão autoficção, usada por Serge Doubrovsky, é um neologismo pelo qual ele caracteriza o seu livro *Fils*, desafiando o pacto autobiográfico de Lejeune, até então uma noção tomada como referencial teórico para definir a autobiografia, considerando-se o teor de veracidade do seu relato, e fazendo coincidir os nomes do autor na contracapa, do narrador e do personagem. A autoficção, enquanto ficção de si, rompe com o estatuto de veracidade e de vida exemplar sustentador da teoria de Lejeune.

A noção pós-moderna de autoficção difundiu-se a partir da obra, entre outros teóricos e escritores, de Régine Robin, a qual utiliza simultaneamente as expressões autoficção (em 1997) e bioficção (1996), numa constatação de que as fronteiras entre literatura e vida são porosas, ou melhor, estão abolidas, mobilizando constantes fluxos entre as diversas possibilidades de se viver em linguagem. Eurídice Figueiredo, na sua leitura dos romances e dos contos bioficcionais de Régine Robin, publicada na *Revista Ipotesi*, afirma que a autoficção toma a forma disseminada de Proteu, que é o desejo de ocupar todos os lugares, desempenhando todos os papéis (2007, p. 22), constatação profícua para se pensar as autoficções do escritor múltiplo como esfera na qual podem ser encontrados os resíduos de suas atuações intelectuais, culturais e acadêmicas, além das muitas outras alteridades dramatizadas nesse palco de teatralidades e de microperformances.

Feitas essas considerações, retomo a partir de agora o *Retrato desnatural (diários – 2004 a 2007)*, de Evando Nascimento, e as dramatizações de um sujeito que é simultaneamente a(u)tor.

A perspectiva crítica em relação às tipologias discursivas estabelecidas aparece no próprio título do livro, ao eleger o diário como espaço performativo desse sujeito ator e autor – a(u)tor –, assumindo máscaras, dramatizando suas atividades literárias e culturais. Se o diário foi um gênero marcado pelos princípios de autenticidade e de veracidade do narrado, um diário ficcional reverte essas categorias, retirando-o da esfera de uma memória intimista e autêntica, para adquirir o caráter de simulação, próprio da ficção. Essa ruptura transborda os limites da literatura, misturando formas distintas, sejam elas literárias ou não. Tudo fica contaminado pela ficção e a vida se ficcionaliza, é biofição. Por essa via, pode-se entender o trecho inicial do fragmento "Canteiro (obras)", já citado anteriormente:

> O DIÁRIO seria mesmo o gênero dos gêneros, onde cabem cópias, notícias, reportagens, entrevistas ao vivo, densos relatos – toda uma resenha do chamado dia a dia, que cotidianamente *assalta*, mas nunca da vida inteira. exerço, pois, uma função de auto-observação do entorno. digo as maiores verdades como disfarce de segredos inconfessáveis (NASCIMENTO, 2008, pp. 159 e ss).

Já no fragmento intitulado "Logo (silogismo)", indaga-se sobre o autorretrato, questionando: "o que faz alguém tomar-se modelo, pintando autorretrato?". Essa pergunta constitui um dos variados fios temáticos de *Retrato desnatural* como uma escrita de si, mas uma escrita sem limites, sendo, paradoxalmente, um diário escrito entre 2004 e 2007, e é também uma escrita expandida, vez que é diário-romance-poesia-ensaio-teoria--crítica-discursopedagógico-etc.

Os recortes desse *diário desnatural* citados aqui pretendem ter a força da demonstrabilidade para evidenciar uma das preocupações teóricas e pedagógicas a nutrir essa escrita, elegendo como tema o próprio estatuto dos gêneros na contemporaneidade:

> tudo são quadros, espasmos, poemas, esboços, instantâneos, até quando já não há moldura, pois agora faz parte do campo da arte perder cada vez mais seus limites, confundindo-se com seus duplos, a vida, a morte, ou a-vida-a-morte. esse é o plano aberto dos encontros, desencontros, excitações, contentamentos, quereres, frustações, *sucessos* em suma. *o "como se" da ficção é o que une biografia e arte, perfazendo a bioficção* (NASCIMENTO, 2008, p. 280. Grifos nossos).

Em outro fragmento, o qual se constitui como uma espécie de verbete de dicionário – "abóbada (cometa)" –, Nascimento recorre à expressão autoficção para expor a sua desconfiança em relação a essa "tipologia" tão difundida na contemporaneidade, questionando as tentativas de fixar o termo em mais uma categoria discursiva e também afirmando a sua impossibilidade de classificar a sua escrita em um único gênero:

RÉS: certamente isto aqui teria a ver com a chamada autoficção. teria, não fosse esse simplesmente mais um gênero, com data e autoria bem definidos. penso que, se me ficcionalizo, só posso fazê-lo através de um outro/de uma outra, atravessando seu corpo como o meu mesmo e no entanto tão diferente. é nesse embate de corpus a corpus que a escrita ganha, ou perde, sentido. [...] a autoficção seria mais uma invenção da potente máquina de gêneros crítica e teórica. mas para mim gêneros são como as religiões para guimarães rosa, bebo de todos e nenhum sozinho satisfaz. não adianta classificar, que escapulo não deixando, gênero não cola mais (NASCIMENTO, 2008, p. 205).

Deslocam-se assim as concepções que trataram os discursos a partir de fronteiras demarcadas, submetendo-os a processos de aprisionamentos e engendrando uma espécie de asfixia do pensamento. Em *uma literatura pensante*, conforme configurada por Jacques Derrida e acolhida na redobra do saber de Evando Nascimento, "a força pensante está em desafiar as definições, as regras genéricas e generalizantes, em suma, em fundar uma 'ciência' do particular e do intransferível [...] um saber singular, francamente indefinível, perturbador..." (NASCIMENTO, 2010, p. 196)

Retrato desnatural, como uma escrita de si, rompe com o princípio de unidade textual, que corresponde à unidade do sujeito soberano e transcendental. Na sua escrita, prolifera o fragmentário, o inacabamento, as instabilidades, dispersando os rastros do vivido, os seus vestígios, as suas ruínas, os restos de acontecimentos em suas precárias imprecisões interpretativas, características que inserem esta autoficção no contexto contemporâneo – e lembro aqui a lista de figurações do contemporâneo de Roberto Corrêa dos Santos.

Afirmar a radicalidade do diário de Evando Nascimento, ao se produzir escrevendo no escuro com respirações, pedaços, restos de acontecimentos e de pensamentos, significa reconhecer que "escrever acentua os múltiplos" e "escrever envolve sangue e os movediços músculos". É por isso que, como uma escrita montada de pedaços, *Retrato desnatural* subdivide-se em seis seções, cada uma delas performatizando alteridades de um sujeito que deixa constantemente a sua assinatura nas epígrafes de cada seção, ou nos interstícios dos vários fragmentos, autodenominando-se de a(u)tor, apresentando-se simultaneamente como autor e ator, e até como interator. Nesse sentido, o fragmento "natureza (culta)" esclarece:

> INTERATUAR é performar-com, é estar-com atuando junto. a paisagem e a textualidade só existem com o *interator*, do mesmo modo que o *interator* só passa a existir efetivamente em performance com a textualidade e com a paisagem. tudo são tessituras, como nas telas de lena bergstein, em que a tinta e a costura se fundem com o pano (NASCIMENTO, 2008, p. 134. Grifos do autor).

Este sujeito se apresenta enquanto interator e está em constante interlocução com o outro – "Contemporâneo: o outro o outro o outro" –, pois "eu" é e sempre será outro, igual e diferente de si. Esse diferimento vem da alteridade que habita o sujeito, onde o "eu não passa de uma ficção do outro", constituindo-se este aspecto como o "primado ético da existência" (NASCIMENTO, 2010, p. 192).

Na composição de *Retrato desnatural* podem ser percebidos os investimentos teóricos, críticos e pedagógicos desse escritor múltiplo na interseção de suas diversas vozes, rompendo-se os limites entre diário-romance-poesia-ensaio-teoria-crítica-

-pedagogia-literatura-filosofia-história cultural, e todos esses empreendimentos encontram-se sob a égide da escritura expandida de Evando Nascimento. Todavia, essa escrita, nos seus fluxos de incessante expansão, paradoxalmente, reveste-se também da potência do micro.

Na seção microensaios, estão as microepistemes e as microações desse interator que inscreve as preocupações – as interversões – epistemológicas-pedagógicas-políticas-biográficas-filosóficas de um intelectual na cena cultural globalizada do Brasil no século XXI. Se essas preocupações perpassam os textos os quais constituem as seis seções de *Retrato desnatural*, são os microensaios que mais ampliam, em suplementaridade, as vozes do teórico-crítico-professor de teoria da literatura da UFJF. A configuração dos textos dessa seção não abandona o estilo partido das demais, contudo adere com mais evidência a uma linguagem discursiva e argumentativa marcando a presença do a(u)tor como crítico da literatura e da cultura, dramatizando no "te-ato" da escrita e do gráfico os mais variados temas da contemporaneidade artística e cultural.

Pode-se estabelecer uma interlocução dessas considerações com uma reflexão desenvolvida por Nascimento em artigo publicado numa coletânea da UFJF, em 2010, intitulado "Matérias primas: da autobiografia à autoficção – ou vice-versa". O texto é uma provocativa reflexão sobre os deslimites territoriais desses gêneros, investindo no entendimento das questões autoficcionais as quais proliferam nas teorias contemporâneas. Ainda que nas suas incursões teóricas ele declare que, em vez do neologismo autoficção, prefere outro "um pouco mais estranho", o de *alterficção* ou até de *heteroficção* para marcar que tudo vem do outro, é ficção de si como outro, ao comentar as afirmações de Jean-Louis Jeannelle sobre a indefinição da autoficção como uma de suas características fortes e sobre o fenômeno de hibridização do próprio real, Nascimento oferece pistas valiosas para o entendimento da sua construção autoficcional do ponto de vista de um escritor múltiplo:

> Autoficção não será jamais um gênero literário e consensual, mas sempre um dispositivo que nos libera a reinventar a mediocridade de nossas vidas, segundo a modulação que eventual e momentaneamente interessa: ora na pele do poeta, do romancista ou do dramaturgo, ora na pele do crítico, universitário ou não, ora na pele do jornalista. Etc. Mais uma vez, não há equivalência entre essas designações, mas todas são modos de heteronímia criativa, fazendo com que sejamos sempre mais de um, mesmo ou sobretudo quando ostentamos um mesmo rosto, aparentemente uma única feição (NASCIMENTO, 2010, p. 201).

A partir dessas colocações, pode-se levantar a hipótese de que a autoficção é uma espécie da "arte de rangência", concebida por Roberto Corrêa dos Santos como "uma zona de indecidibilidade entre o ensaio e a ficção, uma inseparabilidade entre o ensaio e o poema, um desguarnecimento de fronteiras entre o ensaio, a ficção e o poema" (PUCHEU, 2012, p. 31), e que se constitui como um possante dispositivo para expandir as vozes do escritor múltiplo.

6. Remarcando as cartografias do público e do privado

A diluição de fronteiras característica da contemporaneidade repercute também nos territórios do público e do privado, que já não podem mais ser pensados como categorias separadas, como foram concebidas no mundo grego, onde se distinguia com nitidez *oikos* e *polis*. Refletir sobre o próprio estatuto da literatura impõe a necessidade de traçar um movimento envolvendo o público – a linguagem, o estoque de imagens e procedimentos literários que constituem a tradição – e o privado – o sujeito que escreve, mobilizando o arquivo dos signos que encontra no acervo da história e propondo outra configuração à linguagem, enquanto moeda da tribo, expressão de Octavio Paz (1972), para definir a inserção do escritor na esfera pública, nessa zona comunitária, a da linguagem. Lidar com a linguagem, como faz o escritor, é transitar pelas esferas pública e privada.

Desde a lição de Theodor Adorno sobre as relações do poema lírico com o social e o histórico, deslocou-se o entendimento de que épica e drama (teatro) são formas nas quais o homem se reconhece como coletividade ou comunidade, enquanto na lírica se vê apenas como indivíduo. As concepções tradicionais da lírica a definiam como a voz de um eu a expressar sentimentos e emoções, uma voz fundida com o mundo, com as paisagens que projetam, no espaço do poema, a subjetividade de um eu reverberando linguagem. Nessa concepção, tudo converge para a subjetividade, a intimidade de um eu, e é por isso que, em muitas teorias sobre a lírica, ratificava-se a sua precariedade para transitar pelo social e o coletivo.

Foi Theodor Adorno, no seu antológico "Discurso sobre lírica e sociedade" (1975), quem reverteu essa concepção, realçando o potencial do poema para atravessar o social e o histórico, pois, no espaço da lírica, o eu soa na linguagem. E a linguagem, como considera Adorno, é um instrumento de comunicação social. É, por excelência, a possibilidade da história do homem, além de ser também a possibilidade de registro da história. É assim que a inserção social da lírica realiza-se através de sua linguagem e, dessa perspectiva, a lírica pode ser concebida como uma possibilidade de rememoração e de reconstrução de uma memória, isto é, de uma história individual e coletiva. Evidentemente cada escritor articula cada palavra – base do mundo público – de forma individual, particular, devolvendo aos leitores um artefato que preserva simultaneamente as marcas do público e do privado.

Com essas considerações iniciais, pretende-se assinalar como o próprio instrumento de comunicação utilizado pela literatura já impõe determinadas questões inseridas nas esferas do público e do privado, remarcando fronteiras tantas vezes estabelecidas de modo dicotômico. Todavia, na literatura, as relações entre o público e o privado vão além desse suporte linguístico criador de realidades e instaurador de um mundo feito de palavras, personagens, ações, representações sociais que muitas vezes reduplicam valores e modelos encontrados no quotidiano da existência humana, mesmo considerando- -se o caráter transgressor do discurso da literatura enquanto instituição cultural. Nesse sentido, pode-se investigar como nessas representações são configurados os trânsitos entre essas categorias que, desde a civilização grega, foram tratadas como esferas caracterizadoras da "*vita activa*, ou seja, a vida humana à medida que se empenha ativamente em fazer algo, tem raízes permanentes num mundo de homens ou de coisas feitas pelos homens, um mundo que ela jamais abandona ou chega a transcender completamente" (ARENDT, 2005, p. 31).

Para investigar o tratamento dessas categorias na contemporaneidade, recorro, mais uma vez, à leitura da produção ficcional, teórica e crítica de Silviano Santiago. Produzindo em um contexto cultural caracterizado pelos sucessivos deslocamentos, Silviano Santiago elege como forma de atuação intelectual as migrações, a diluição de dicotomias e de fronteiras hierarquizadas e hierarquizantes, impondo outras formas de pensar a inserção do sujeito na coletividade, e de estabelecer relações entre distintas esferas da atividade humana e intelectual. E vai além. O arrojado projeto de Silviano Santiago, na cultura brasileira e latino-americana, distribui determinadas categorias reflexivas – como as noções de entrelugar, migração/transmigração, anfíbio – que propiciam a desconstrução das dicotomias traçadas pelos discursos coloniais e neocoloniais, reorganizando também as esferas do público e do privado.

Se esses operadores deslocam as polaridades através das quais a Literatura Comparada tradicional pensou os discursos periféricos, a partir das oposições centro/periferia, nacional/transnacional, colonizador/colonizado, original/cópia, Silviano Santiago, com esses operadores, faz emergir o caráter híbrido, mesclado, impuro dessas categorias. Assim, para o desenvolvimento de uma abordagem sobre os limites e as interpenetrações do público e do privado na produção de Silviano Santiago, coloca-se a hipótese de que esses operadores, os quais têm uma eficácia no estabelecimento das cartografias de outras esferas da contemporaneidade, remarcam também as esferas do público e do privado.

Em um texto de 1984, intitulado "Prosa literária atual no Brasil", ao tratar de um gênero em voga no Brasil naquele momento, Silviano se contrapõe à crítica neoconservadora da produção cultural brasileira, em que considerava a autobiografia como uma exposição narcísica do corpo do escritor. Posicionando-se na contramão dessa vertente crítica, Silviano (1989, p. 31) afirma: "a experiência pessoal do escritor, relatada ou dramatizada, traz como pano de fundo para a leitura e discussão do livro problemas de ordem filosófica, social e política". E continua em outro trecho: "no palco da vida ou da folha de papel, o corpo do autor continua e está exposto narcisicamente, mas as questões que levanta não se esgotam na mera autocontemplação do umbigo", pois, para o intelectual contemporâneo, essas questões afirmam uma desconfiança da compreensão da história pelo recalque do indivíduo no tecido social, tal como se encontrava na tradição hegeliana e nos filósofos revolucionários da época.

Em ensaios críticos mais recentes, como "Uma literatura anfíbia" e "Outubro retalhado" (2004a), Silviano assinala com bastante veemência o caráter político da arte, da *Artelatina*, de sua própria arte – sua produção ficcional –, tecendo considerações sobre a atuação de um intelectual periférico exposto aos embates das grandes metrópoles e da globalização, propiciando com isso uma investigação sobre as interpenetrações do privado e do público.

Essas questões sobre a autobiografia e as relações entre arte (artefato individual) e política nos textos de Silviano Santiago parecem indiciar um rompimento de fronteiras e anunciar uma perspectiva teórico-crítica que pode ser aferida e ampliada nos seus textos ficcionais, ao encenar situações e temas relacionados simultaneamente às esferas do privado e do público. Por sua vez, a estética do falso e da mentira que alicerça o projeto escritural/ficcional de Silviano Santiago, em textos como *Em liberdade, Viagem ao México, Stella Manhattan, O falso mentiroso, Histórias mal contadas*, expõe publicamente as relações estabelecidas no âmbito pessoal, familiar e privado de maneira contundente, desconstrutora, abalando os alicerces da família e da sociedade patriarcal e burguesa e da própria concepção burguesa da arte. Tipologias discursivas como autobiografia, diário, memória, como já destacado em outros momentos, submetem-se também à estética do falso e da mentira, revaloração que traz para o palco da escrita a possibilidade de se representarem outras formas de relações existenciais, privadas e públicas.

Em liberdade registra, na vasta ficção de Silviano Santiago, o início dessa opção pela estética da simulação, particularmente da transgressão quanto à autenticidade da autoria, ao ofertar ao leitor um diário – falso – escrito por Graciliano Ramos quando este sai da prisão. Processo semelhante acontece no romance *Viagem ao México*, ao trançar as biografias de dois intelectuais do século XX: Antonin Artaud e Silviano Santiago. Já em *Uma história de família*, a loucura do tio Mário é exposta pelo sobrinho em um tenso diálogo-monólogo que vai desvelando o monstruoso e insuportável passado familiar. Em *O falso mentiroso*, os impasses e as dificuldades para a reconstituição autobiográfica de Samuel Carneiro de Souza Aguiar são apresentados desde a sua origem, constantemente problematizada: o pai, um obscuro mentiroso, falso. O filho, falso descendente do pai. Em *O olhar*, narra-se a história de uma mulher que não se adequa ao espaço da casa, da família, do privado. Em *Stella Manhattan*, são desvelados os comportamentos individuais submetidos a uma dicotomia privado/

público, vida familiar/social, onde o homossexual, distante do olhar repressor da sociedade e da família, transita nos guetos de Nova York, assumindo a sua "marginalidade". À noite, percorrendo as bordas da metrópole, o personagem Eduardo Costa e Silva traveste-se em Stella Manhattan, revelando a sua outra identidade homossexual. Esse mesmo desdobramento da personagem pode ser observado no coronel Vianna, a quem cabe o papel da Viúva Negra. Durante o dia, é adido no consulado brasileiro em Nova York. À noite, veste-se de couro e sai à procura de prazer pelos becos e ruas pouco iluminados da cidade de Nova York.

Por meio dessas teias ficcionais, percebe-se a possibilidade de delineamento de múltiplos cenários na contemporaneidade, onde as relações tradicionalmente demarcadas entre o público e o privado encontram-se embaralhadas. Por se tratar do estudo da produção de um atuante intelectual contemporâneo, ocupando distintos espaços discursivos, pode-se ainda investigar como, na diversidade de papéis encenados, estabelecem-se os limites e as interpenetrações dessas esferas.

A feição anfíbia: arte e política

> O escritor brasileiro tem a visão da Arte como forma de conhecimento, tão legítima como as formas de conhecimento de que se sentem únicas possuidoras as ciências exatas e as ciências sociais. Ele tem também a visão da política como exercício da arte que busca o bom e o justo governo dos povos, dela dissociando a demagogia dos governantes, o populismo dos líderes carismáticos e a força militar dos que buscam a ordem pública a ferro e a fogo (SANTIAGO, 2004, p. 72).

Na palestra intitulada "Uma literatura anfíbia", proferida em Boston, nos Estados Unidos, Silviano Santiago (2004, pp. 66 e ss.) fala sobre a mescla entre Arte e Política no texto de escritores do século XX no Brasil, referindo-se à inserção no espaço literário de discussões de cunho político e socioeconômico-educacional, confirmando que a "atividade artística do escritor não se descola de sua influência política". Para Silviano Santiago, essa mesclagem entre arte e política é a "*forma* literária pela qual a lucidez se afirma duplamente", pois a "forma literária anfíbia requer a lucidez do criador e também a do leitor, ambos impregnados pela condição precária de cidadãos numa nação dominada pela injustiça".

Nesse texto de reflexões bastante contundentes, mas também um tanto generalizantes, uma vez que não é nomeado nenhum escritor nem é também citado qualquer título de obra literária exemplificando o caráter anfíbio, isto é, híbrido, mesclado, da literatura brasileira no século XX, Silviano Santiago aponta como a realidade pobre e analfabeta de grande parcela da população brasileira afeta a constituição da produção literária e a constituição do escritor *doublé* de intelectual, na medida em que a publicação da obra é "tão importante quanto a ação persuasiva que esse livro pode exercer no plano político, caso seja lido pelo restrito grupo social de letrado que o consome, ou se noticiado ou comentado pelos meios de comunicação de massa."

A qual repertório de escritores estaria se referindo Silviano Santiago para definir uma literatura anfíbia? Por que, para os ouvintes de Boston, para o leitor estrangeiro ao qual se dirige de forma tão contundente, ele não apresenta o repertório de textos que lhe possibilita pensar o caráter anfíbio da literatura brasileira? Estaria ele se referindo aos escritores modernistas do início do século XX, constantemente revisitados nas suas reflexões? À literatura brasileira pós-1964, cujas referências são tão presentes em seus textos, desde *Nas malhas da letra*, *Vale quanto pesa*, *Uma literatura nos trópicos*? Estaria ele, como em tantos outros ensaios, pensando a literatura brasileira contemporânea a partir da própria produção literária e do seu próprio entrelugar de escritor latino-americano? Ou estaria destacando um valor para o literário estabelecido a partir da qualidade do objeto artístico, que se contrapõe a outro valor estabelecido a partir de critérios quantitativos? Não será esta a referência no ensaio que vem logo depois de "Uma literatura anfíbia" e "Outubro retalhado" (SANTIAGO, 2004a, p. 75), no qual "a inscrição do nome próprio no livro dos recordes serve basicamente para legitimar a qualidade pelo viés da quantidade", estampando, portanto, o pano de fundo no qual situa suas considerações na palestra proferida em Boston?

Ora, no outubro retalhado do outono europeu, Silviano percebe uma dissociação entre arte, indústria cultural e política no momento do reconhecimento universal, já que, no rol dos três premiados, o romancista tem valor literário e não tem público, o recordista vende e não aspira à arte e a intelectual é corajosa e tem voz limitada na sua amplitude.[5] O retalhamento nas premiações do outono europeu fala tanto sobre o valor e a função da literatura, quanto sobre o papel do escritor e do intelectual no novo milênio. Silviano observa

---

5. O Prêmio Nobel de Literatura foi concedido ao escritor sul-africano Coetzee. Na Feira de Frankfurt Paulo Coelho entrou para o *Livro dos recordes Guinness*, prêmio concedido pela indústria cultural, isto é: editores e livreiros. Ainda na Feira de Frankfurt, o prêmio da Paz foi concedido à ensaísta Susan Sontag pelo engajamento político dos seus textos, principalmente aqueles que falam sobre a guerra do Vietnã.

que, ao premiar J. M. Coetzee, Paulo Coelho e Susan Sontag, existem pelo menos três questões aí colocadas: a qualidade da obra literária na pós-modernidade, o rendimento do livro no mercado neoliberal e o engajamento político do intelectual em tempos violentos, lembrando que, no passado, personalidades literárias como Émile Zola, Thomas Mann e Pablo Neruda reuniram em uma única personalidade o que hoje anda retalhado.

Nesse sentido, o espetáculo ao qual se assiste no palco europeu difere da postura das representações do intelectual na literatura brasileira, em que o caráter anfíbio do seu texto lhe confere uma determinada feição, uma vez que ele assume uma forma de se representar também anfíbia, não promovendo dissociações: cria mesclagens, contaminações e hibridismos. É através de sua produção que o artista atua politicamente no seu cotidiano, afirma em tom contundente Silviano Santiago. A condição do escritor como ator, e não como espectador de seu tempo, vem de Mário de Andrade. Esse tema é constantemente relido por Santiago, a expandi-lo, atravessando outros corpos encenados, como o de Caetano Veloso, que politiza o cotidiano e cotidianiza a política no seu fazer, retirando o exercício político da classe política e decretando a combinação da prática política à prática da vida. Desloca, por meio dessa atuação, tanto os líderes carismáticos da revolução – Fidel Castro – como os da contrarrevolução – General Golbery.

Essa prática que se desdobra na geração pós-1964, mas já se encontra embutida na atuação dos modernistas de 1922, traduz a perspectiva assumida pela literatura do Brasil enquanto país colonizado, desenhando também a encenação do intelectual de um país periférico como o Brasil e os países da América Latina. Assim, a condição de anfíbio define simultaneamente o seu pertencimento à cultura colonizadora – o viver dentro anfíbio – e também a condição de estar fora, de ser outro, de subtrair seus valores. Anfíbia é a marca daquele que se move em um entrelugar, em uma terceira margem, constitui-se de trocas culturais, da multiplicidade, das negociações entre as múltiplas etnias, valores, temporalidades e espacialidades – das transmigrações.

Não é difícil correlacionar e superpor a metáfora do anfíbio, usada para configurar o hibridismo do texto literário brasileiro, com a noção de entrelugar, uma das mais profícuas singularidades do pensamento de Silviano Santiago para demarcar o lugar do intelectual latino-americano frente os valores hegemônicos da cultura colonizadora europeia ou do neocolonialismo norte-americano. Na palestra pronunciada em Boston, ele aponta essas duas formas de colonização que se abatem sobre o escritor, o intelectual e a *Artelatina*.

A referência à primeira forma de colonização – a europeia – pode ser identificada nas considerações sobre a preferência dos leitores europeus pela tematização das mazelas sociais do país, que despertam sentimentos cristãos peculiares. Mazelas que, esclarece Silviano, têm como deflagradores os próprios europeus – portugueses – por terem instituído no Brasil um sistema educacional excludente. Essa referência se estende ainda à colonização literária, ou seja, ao fato de os leitores estrangeiros requererem que os escritores sigam a tradição europeia, o que enfatizaria a soberania dessa literatura sobre a dos povos colonizados, bem como a noção de dívida estabelecida entre a metrópole e a colônia.

A segunda forma de colonização é o neocolonialismo norte-americano, que "dispensa caravelas e navega pelas ondas de transmissão televisiva e de outras formas de comunicação de massa", a competir com o mal-estruturado sistema educacional brasileiro e com os insignificantes números de leitores no país, auxiliando a perpetuação de tal quadro. Ao falar nos Estados Unidos, Silviano Santiago denuncia o sistema neocolonialista norte-americano, de onde vibram as "ondas" propagadas pela América-Latina, criticando a bipolarização entre mídia e literatura, demandando que a constituição de tais polos seja desconstruída, a fim de ampliar e democratizar discussões sobre cultura, já que a mídia pode ser um instrumento não só para a divulgação de escritores, mas também para a discussão de questões as quais estes escritores estabelecem em seus textos.

Frente a estas formas de imposição cultural, Silviano Santiago, com a metáfora do anfíbio, ratifica por outro viés a noção de entrelugar para pensar a produção de um país dependente, deslocando o sentido de cópia e de precariedade de sua produção frente à metrópole. Falar aos participantes de um encontro, na cidade de Boston, sobre alguns dos impasses culturais que envolvem a leitura do texto literário brasileiro de qualidade pelo leitor estrangeiro, o qual rejeita o seu caráter anfíbio, é uma postura afirmativa de um intelectual periférico que se reconhece e se afirma perante o centro como um valor diferencial. A partir da noção de entrelugar, Silviano Santiago pretende "descolonizar" a cultura dependente colocando em diálogo valores diferenciais, sem hierarquizá-los. O leitor estrangeiro, aprisionado aos critérios de pureza artística e de radicalismo disciplinar, tende a ler e a comprar a obra literária pura. A opção pelo híbrido do artista brasileiro, explicita Santiago, não significa descuido com o aprendizado do ofício literário, porém é uma forma de atuar politicamente.

Nas transmigrações que percorrem *Viagem ao México*, encontra-se também a figura do anfíbio: "Ao iniciar esta narrativa, descubro que o meu corpo já não é feito de barro; é feito de terra e água, é réptil de nascença e anfíbio por natureza" (SANTIAGO, 1995, pp. 19 e ss), "Tenho as feições de um polvo anfíbio. Uma só cabeça e vários tentáculos, várias pernas-tentáculos que se assentam em terras diversas e variados mares", "Sou espelho do que me liberta e do que me aprisiona". Observa-se mais uma vez Silviano Santiago constantemente tecendo e retecendo a sua rede de conceitos e metáforas críticas, atualizando o seu acervo ficcional e teórico-crítico, e ampliando o arquivo metateórico da América Latina. E que, em suas reflexões, a emergência de determinadas problemáticas relacionadas à literatura brasileira e latino-americana é pensada a partir de sua própria ficção. Seus textos ficcionais, de forma contundente, mesclam arte e política.

Isso pode ser exemplificado com a problemática das minorias homossexuais tematizada em vários contos e no romance *Stella Manhattan*, no qual se empreende outra viagem transcultural, focalizando o tema das migrações a partir do exílio do personagem Eduardo da Costa e Silva nos Estados Unidos, expulso pela família devido à sua condição homossexual. O romance aborda as questões sociais e culturais pelos eixos do sexual e do político. Aqui são expostos os comportamentos individuais submetidos a uma dicotomia privado/público, vida familiar/vida secreta. Essa provocativa encenação sobre o assumir-se homossexualmente transborda para outros textos de Silviano Santiago, como *Keith Jarrett no Blue Note*, cujo cenário é ainda a cidade de Nova York e, de maneira bastante astuciosa, em *O falso mentiroso*. Esses textos confirmam assim a força subversiva e política do entrelugar, das transmigrações, do anfíbio – do híbrido – posto em circulação pelos textos ficcionais de Silviano Santiago como intelectual múltiplo.

7. Ler – ensinar: eis a questão!

Ao me debruçar sobre a prática pedagógica de Judith Grossmann, estarei constantemente falando da leitora e da escritora. Essas diversas figuras, ou melhor, essas diversas atividades – a da leitora voraz e apaixonada, a da inventiva escritora de poesias, contos e romances e a da provocativa professora de teoria da literatura – não podem ser pensadas separadamente. Se a leitura impulsiona a escrita literária de maneira tão exuberante, constituindo uma das vertentes temáticas de sua produção artística, construída por um diálogo declarado e manifesto com textos da literatura brasileira, inglesa, francesa, alemã, irlandesa, latino-americana, contos de fadas, contos populares, literatura pop, artes plásticas, arte pop etc., que são "sucateados",[6] esse mesmo repertório literário e artístico constituirá o arquivo de obras e de escritores que vai compor as referências bibliográficas dos cursos de teoria da literatura, em seus vários níveis. E por meio da leitura desse acervo de textos os estudantes tinham acesso às questões teóricas e desenvolviam as reflexões e sistematizações sobre o literário.

Judith Grossmann inicia a sua carreira como professora de teoria da literatura na UFBA em 1966. Ela acabara de chegar dos Estados Unidos, onde havia concluído seus estudos de pós-graduação na Universidade de Chicago, cuja fundamentação

---

[6]. Aproprio-me aqui de uma expressão de Judith Grossmann em seu depoimento "Oficina amorosa", quando diz: "eu sucateio. Eu tenho o maior orgulho porque é uma maneira de prestar uma homenagem aos predecessores. [...] Eu escrevo como herdeira. Herdeira do meu repertório que todo mundo já está careca de saber" (GROSSMANN, 1993, pp. 68-69).

teórica baseava-se no neoaristotelismo, também conhecido como Escola de Chicago, tendência que constituía a teoria a partir da própria criação poética. Essa é a base do seu aprendizado em tempo de aperfeiçoamento e qualificação em Chicago, norteadora do seu magistério em teoria da literatura do Instituto de Letras da UFBA: ler – ensinar: eis a questão crucial na formação dos estudantes de Letras naquela época.[7]

A pedagogia de Judith Grossmann nasce assim do apetite pela leitura e pela criação poética e da paixão pelas obras de outros escritores, arrancando de si mesma e de outros teóricos e críticos os pressupostos que norteiam sua reflexão sobre a literatura. Esse aspecto pode ser comprovado pelo seu belíssimo ensaio "ABC do *Grande sertão: veredas* 40 anos depois" publicado na Revista *Estudos Linguísticos e Literários* (GROSSMANN, 1998). Todavia, essa postura de uma leitora voraz e apaixonada pela poesia de todas as épocas e de todos os povos está na base das atuações de Judith Grossmann e é um tema constante da sua criação ficcional. É, portanto, a força propulsora e mobilizadora de sua pedagogia na sala de aula e da pedagogia contida em sua escrita literária, definida como uma poética explícita e/ou uma poética implícita, em um dos seus ensaios (GROSSMANN, 1978).

Passo então a percorrer o território da criação literária para rastrear as marcas de uma leitora assídua, procurando também traçar o perfil dessa leitora. Em um segundo movimento, procuro verificar a repercussão ou a relação desses elementos na atividade docente de Judith Grossmann, com o intuito de perfazer a sua metodologia de ensino.

---

[7]. Dentro dessa conjuntura, é importante esclarecer ainda que Judith Grossmann fez o curso de graduação em Letras na Faculdade de Letras da UFRJ, tendo como professor o poeta Jorge de Lima, cuja obra constituirá também uma das principais vertentes para o estudo da literatura.

Inicio essa trajetória recorrendo a um romance de 1985, *Cantos delituosos*, publicado pela Nova Fronteira, no qual se inscrevem, através da personagem Amarílis, uma das representações da figura do escritor na obra literária, as referências a uma leitora voraz. Esse estudo das representações do escritor no texto literário, aliás, já foi realizado em seus vários contornos por Lígia Telles, em suas investigações sobre *O périplo de Judith Grossmann*. Destaco as seguintes afirmações da personagem Amarílis que definem a sua atividade leitora: "[...] leio muito, leio às escondidas, é certo, mas leio" [...] "tudo é leitura." "Tenho bastante estudo, isto é, o suficiente, o necessário, já nasci estudiosa, tudo é e foi estudo, o estudo em toda parte" (GROSSMANN, 1985, pp. 15 e ss.).

Cantos delituosos transforma o espaço ficcional em uma reflexão sobre as relações entre ler e escrever. Além disso: transforma-o em uma tematização sobre ler-escrever--ensinar-viver, à medida que encorpa um tema teórico dos mais instigantes da contemporaneidade: a do escritor como leitor. E como leitor de códigos diversificados, pois o próprio mundo e a experiência cotidiana transformam-se em uma "biblioteca de Babel", isto é, são textos a serem lidos e relidos, decodificados e recodificados, como propõe o escritor argentino Jorge Luis Borges. Por isso, a afirmação de Amarílis: "Tenho muito estudo. O largo é a minha Universidade. Uma singela Amarílis de muita cultura" [...] "o livro vivificado que sou, que almejo um dia escrever" (GROSSMANN, 1985, pp. 16 e ss.).

Essa personagem-narradora lê muito, cita obras literárias, escritores, pintores, que demarcam a sua concepção de arte, circunscrevendo o universo estético do texto grossmaniano a uma arte canônica. É através dessa protagonista que *Cantos delituosos*: romance organiza os fios constituintes de sua trama biográfica – ou autobiográfica. Tendo como ponto de vista a primeira pessoa, a narrativa constrói a figura de um sujeito que emerge da malha textual e se elabora enquanto tece a sua narrativa. Metonimicamente representada pelo rosto, Amarílis esculpe a sua imagem, contorna o seu perfil, desfilia-se, cria uma nova estirpe, funda uma genealogia. Em diversas passagens, essa imagem do rosto construído, essa necessidade de esculpir a sua forma, de fazer-se e refazer-se a cada momento, aparece como uma das preocupações centrais da personagem: "E o meu rosto também se irá modificando. [...] O meu rosto, que, aliás, de ontem para hoje, já se alterou bastante. Como uma escultura em elaboração, ainda vai alterar-se, para que um dia eu seja o meu próprio busto" (GROSSMANN, 1985, p. 26).

Estabelecendo um diálogo intertextual com ficcionistas, dramaturgos e poetas da literatura, brasileira e estrangeira, e com pintores, a narrativa de *Cantos delituosos* ao tempo em que constrói a biografia da protagonista Amarílis, desenha a árvore genealógica da escrita grossmaniana, estabelecendo o seu sistema de raízes, aderindo a teorias que concebem o texto como desfiliado e afirmam o caráter parricida da escritura, por assassinar seu próprio pai, fazendo-o nascer e renascer em cada palavra. Assim, através dessa narradora-personagem, pode-se perceber um traço autobiográfico da escritora-teórica-crítica e docente Judith Grossmann, inscrito no romance, pois a narrativa de Amarílis, numa devoração vampiresca, fertiliza-se e enxerta-se com o sangue de seus antepassados, vivificando-os no momento presente, com a propagação de nomes, palavras, imagens, procedimentos de produções literárias e culturais de diversas épocas.

No jogo citacional inscrito no tecido de *Cantos delituosos*, estampa-se o acervo das leituras de Judith Grossmann: 1: pela nomeação explícita de autores da história da literatura e da arte, tais como: Franz Kafka, Fernando Pessoa, William Shakespeare, Conde de Lautréamont, Arthur Rimbaud, António Pereira Nobre, Walt Whitman, William Carlos Williams; 2: pelas inúmeras referências a nomes de personagens literários e da história da pintura, como Hamlet, Romeu e Julieta, Lady Macbeth, Mona Lisa; 3: pela apropriação quase imperceptível de títulos de obras literárias, como *Laços de família*, Clarice Lispector; *Corpo de baile* e o conto "A benfazeja", de João Guimarães Rosa; *A terra devastada*, de T. S. Eliot. 4: pela retomada de temas e procedimentos literários dos mais diferentes autores e, em alguns casos, de todo o conjunto de obra de um autor, como Clarice Lispector, João Guimarães Rosa, Carlos Drummond de Andrade, Manuel Bandeira, Jorge de Lima, João Cabral de Melo Neto, Gonçalves Dias, Machado de Assis, Luís de Camões, Stéphane Mallarmé, Charles Baudelaire, Antonin Artaud, August Strindberg, T. S. Eliot, além da retomada de outros discursos da cultura, como os contos de fadas e a arte pop.

A genealogia formada pelo repertório de textos citados coincide com os arquivos da prática pedagógica da professora de teoria da literatura, constituindo-se como as principais referências bibliográficas das disciplinas ministradas. Deve-se evidenciar, todavia, que essa prática pedagógica difunde-se também por meio da criação poética, a partir de um dos temas fundamentais da teoria grossmaniana: a concepção da literatura como uma poética, constituindo de maneira implícita e/ou explícita a teoria de sua própria construção (1978).[8]

Procedimento semelhante pode ser encontrado em outro texto de Grossmann, *Meu amigo Marcel Proust romance*, publicado em 1995 pela Fundação Casa de Jorge Amado (coleção Casa de Palavras), sendo a segunda edição de 1997, pela Record. Na apresentação do livro, intitulada "Do autor ao leitor", afirma-se o projeto escritural do romance, ele, também, construído a partir do diálogo com os predecessores. Essa ficção expõe a atividade de leitura de sua autora, conforme se pode perceber no seguinte trecho:

> Esta narrativa, concebida como um conto de fada pós-moderno, cujo cenário é, em grande parte, o de um shopping, inclinou-se, por si mesma, a ter a velocidade de uma tragédia grega, os rasgos de uma ópera e as improvisações do jazz [...] Ela é ainda um monumento todo feito de palavras, erigido como uma dedicatória estendida, tanto ao ser amado quanto à arte e à literatura dos predecessores, dentre os quais avulta o interlocutor mais desejado: Marcel Proust, mestre insuperável da sensibilidade pós-moderna, possibilitando uma continuidade de caminho (GROSSMANN, 1995, pp. 15-16).

Na contística de Judith Grossmann, localizam-se outros arquivos que guardam, mas também exibem, o seu repertório de textos, de amante apaixonada pelas obras de arte, seja a

---

[8]. O projeto intitulava-se "Poética e criação literária" e tinha como descrição: "Estabelecimento de uma poética, tomando como fator constituinte a própria criação literária ao longo da história da poesia brasileira, valorizando a teoria que sistematiza os pressupostos dados pela própria criação literária e questionando a que se pretende prévia a esta criação." Nesta perspectiva, foram estabelecidas: a poética do arcadismo, a poética do simbolismo, a poética do romantismo, a poética do modernismo, a poética da poesia de hoje etc.

pintura, a música, o cinema. O diálogo com a pintura configura-se como uma das interlocuções mais intensas de sua produção literária. A relação entre essas linguagens artísticas não se faz apenas de modo temático, mas pela apreensão, pela trituração dos procedimentos picturais de cada pintor com o qual dialoga e se relaciona, resultando dessa interação uma espécie de pintura de palavras.

Nesse aspecto, a linguagem verbal torna-se uma máquina de trituração e produção de outras linguagens, a lhe conferir, do ponto de vista artístico, uma singularidade em relação aos demais discursos que não possuem a mesma potência. Assim é o conto "A noite estrelada", no qual as palavras, o ritmo das frases, a sintaxe, tudo leva o leitor a se transportar para dentro do quadro homônimo de Van Gogh e vivenciar o turbilhão de imagens e sensações provocadas pelas alucinações e pelo delírio das pinceladas do pintor.

Assim também é o conto "Esplendor no milharal", que, além de tematizar as relações amorosas entre um pintor e uma escritora, metáfora para as relações entre a literatura e a pintura, traça também um filão genealógico no qual se situa o personagem pintor-narrador-protagonista como "bisneto de Leonardo, neto de Rembrandt e filho de Monet. Uma genealogia irretocável, já me disseram. [...] Recebo deles um trabalho realizado, mas o meu é um trabalho por realizar, inteiramente novo, futuro, pós-futuro" (GROSSMANN, 2000, pp. 94-95). Nesse filão insere-se, portanto, a voraz fruidora e admiradora da linguagem pictural, a leitora-escritora Judith Grossmann, que se utiliza do espaço literário para nele inscrever as suas concepções teóricas acerca dos trânsitos discursivos entre as diversas artes, fazendo também do conto uma espécie de *logos pedagógico*.

Ao transformar a literatura em zona de reflexão dessas questões, estes textos – *Cantos delituosos*, *Meu amigo Marcel Proust romance*, "A noite estrelada", "Esplendor no milharal" – estruturam-se, na concepção de Judith Grossmann, como uma poética, empenhando-se em proceder a uma leitura da história literária, requisitando para si a tarefa de efetuar a teoria, a crítica e a história da literatura e da arte. Nesse aspecto, Grossmann dá continuidade à linhagem de escritores considerados fundadores da modernidade, por iniciarem, de maneira vigorosa, esses trânsitos discursivos: referimo-nos a Edgar Allan Poe, T. S. Eliot, Paul Valéry, Charles Baudelaire, entre tantos outros. Desse modo, observa-se uma estreita vinculação entre a produção ficcional de Judith Grossmann e os *temas de teoria* postos em circulação através da atividade pedagógica e disseminados ainda em uma publicação intitulada *Temas de teoria da literatura*.

Os temas da teoria da literatura – o magistério

O campo de estudos no qual a teoria da literatura se encontrava, no final dos anos 1960 e início da década de 1970, caracterizava-se, por um lado, por uma herança positivista bastante acentuada, onde predominava o biografismo literário, o privilégio da voz autoral e do contexto sócio-histórico para análise das obras. Por outro lado, o estruturalismo linguístico afirmava-se como modelo de análise, solicitando uma neutralidade da subjetividade do crítico – do leitor – em função da objetividade da análise – a denominada "leitura opaca", que pretendia agenciar os diversos elementos do sistema textual como metodologia de abordagem. Essas análises tinham como objetivo a precisão conceitual e terminológica, obtida por meio do distanciamento subjetivo do analista e do empenho em decompor os vários níveis do texto: narração, personagem, espaço-tempo, apreendendo a lógica combinatória das suas diversas partes, seguindo as lições de Algirdas Julius Greimas, de Vladimir Propp, na sua morfologia dos contos, ou as conceituações da semiologia de Roland Barthes e Tzvetan Todorov, os quais definiam a atividade crítica como uma metalinguagem. Eneida Maria de Souza elucida com bastante precisão essa perspectiva da crítica que se espalhava pelas instituições universitárias no Brasil:

> A abordagem estruturalista, ao recalcar o sujeito-receptor pela diluição de sua importância no processo cognitivo da obra, esquecia que o crítico, no circuito criado entre a obra e o público, participava igualmente como leitor. Recalcava-se ainda o sujeito enquanto ator da enunciação crítica, obrigado a se posicionar objetivamente no texto: ao expressar sua autoridade na terceira pessoa, garantia a cientificidade e a neutralidade da análise (SOUZA, 2007, p. 69).

Se essas tendências procuravam garantir a "cientificidade e a neutralidade da análise", em contrapartida, a teoria da literatura, que se inaugurava nos cursos de Letras da UFBA, firmava a importância da percepção e da subjetividade do crítico na leitura da obra e a sua função agenciadora das vozes, dos temas e das imagens postas em circulação nos textos literários, antecipando assim uma problemática a ser difundida posteriormente, no tempo de pós-crítica. A função do estudo teórico, delineado nessa pedagogia, não era impor um determinado modelo à obra poética, postura assumida por diversas correntes do período, porém, pelo diálogo entre a teoria e a literatura, estabeleciam-se os postulados teóricos que investiam na interpretação.

Ao recorrer à poética da criação, propondo três tipos de poéticas, e ao pensar a literatura como constituinte de sua própria teoria, Judith Grossmann (1978) afirmava, em contraposição às tendências predominantes no final dos anos 1960, a necessidade de outro crivo teórico-crítico para compreender a criação literária. Por outro lado, diante de uma tradição instituída – ainda prisioneira dos estudos extrínsecos, herança do positivismo do século XIX, ou da crítica impressionista do início do século XX –, a teoria da literatura concebida por Grossmann dialogava com as diversas posturas teóricas que aportavam do estrangeiro, porém, redimensionando-as no diálogo com a literatura. Exemplo desse deslocamento é a releitura do conceito de linguagem literária como desvio da norma, difundido pelos formalistas russos na sua *Teoria da literatura*. Baseando-se nas ideias de Jean-Jacques Rousseau no *Ensaio sobre a origem das línguas*, Judith passa a considerar a norma como sendo um desvio, reconfigurando assim o lugar da linguagem literária no campo mais amplo da linguagem humana.

Destacava-se, desse modo, a tendência da criação literária, principalmente a do século XX, para se constituir como um *organon*, um teorema, uma prática teórica capaz de congregar polaridades distintas e antagônicas, como tradição / renovação, diacronia / sincronia, temporalidade / intemporalidade. Sob esse crivo teórico, a literatura constrói-se como um processo de convencionalização e de reconvencionalização de textos prévios, um dos temas que, somente a partir dos anos 1960, com as teorias da interpretação "pós-estruturalistas" e da noção de desleitura de Harold Bloom, torna-se difundido nos estudos literários.

Um dos principais focos de interesse da pedagogia grossmaniana concentrou-se na poesia e na literatura do século

XX, pontuando-se constantemente a inscrição do passado no presente, a presença da tradição nas obras do século XX. Ainda que não fosse utilizada uma terminologia difundida em vertentes interpretativas posteriores, como, por exemplo, a noção de intertextualidade, desleitura, o procedimento metodológico então utilizado colocava constantemente em confronto, isto é, em diálogo, vozes distintas – passado/presente, individual/coletivo, particular/universal –, textos que faziam ressoar outros textos, reescrevendo-os e atualizando o passado pelo presente.

Esse foco temático é desenvolvido como um dos temas primordiais da teoria da literatura grossmaniana e está claramente configurado no seu livro *Temas de teoria da literatura*. Ao elucidar o que denomina diacronia de metalinguagens literárias, seguindo as pistas traçadas por Roland Barthes no seu *Elementos de semiologia*, Judith estabelece três níveis de relação – "ligação" – entre o passado e o presente, processados evidentemente pela leitura e releitura dos antecessores, daquilo que Grossmann denomina de reconvencionalização ou desconvencionalização dos modelos prévios:

a) Ligação por reconvencionalização, com absorção explícita de discursos prévios, quando a atividade básica é a de reformulação formal para a veiculação de novos conteúdos.
b) Ligação por desconvencionalização, quando os discursos prévios permanecem mais que tudo implícitos ou obliterados, mas, ainda assim, presentes.
c) Ligação mista, quando, simultaneamente, ou em separado, a depender da fase da obra, são adotados os dois procedimentos anteriores (GROSSMANN, 1982, pp. 9-10).

Como exemplo desses três procedimentos, ela cita *Invenção de Orfeu*, de Jorge de Lima, como obra de dominância reconvencionalizadora, na qual vigoram os procedimentos de paródia e de pastiche. Entre as de dominância desconvencionalizadora, estão as produções do novo romance francês, e como exemplo de dominância mista, a obra de Carlos Drummond de Andrade.

Ainda em relação aos processos de leitura como constitutivos da criação literária e da prática pedagógica de Judith Grossmann, merece destaque a problemática das relações intersemióticas, que propunham um estudo comparativo entre a literatura e outras linguagens artísticas – pintura, cinema, música – e outros códigos culturais – literatura e psicanálise, literatura e filosofia, literatura e história, literatura e ciência.[9]

Contudo, diferentemente da contemporaneidade, que afirma a desierarquização dessas linguagens e a desconstrução do logocentrismo, Judith Grossmann, pautando-se em embates teóricos da época, como a célebre discussão entre Roland Barthes e Roman Jakobson sobre as relações entre linguística e semiologia, afirmava a superioridade da linguagem literária em relação às demais linguagens artísticas. Nos estudos intersemióticos, terminologia difundida por Roman Jakobson, Grossmann destacava a superioridade da literatura diante

---

9. Nos idos dos anos 1970, Judith já havia introduzido no currículo dos cursos de Letras uma disciplina denominada "Literatura e outras artes", que ainda hoje faz parte do elenco de disciplinas optativas, sendo ministrada com muita frequência para os estudantes de Letras e dos bacharelados interdisciplinares. Por sua vez, através de outra disciplina denominada "Relações intersemióticas", estudavam-se as relações e os processos de tradução entre a literatura e os diversos códigos culturais, conteúdo programático que ainda é ministrado tanto na graduação quanto na pós-graduação de Letras, focalizando assim uma das instigantes questões teóricas da contemporaneidade.

das outras artes em decorrência de sua constituição através do signo verbal e definia essa superioridade pela categoria da "arrogância literária", considerada a capacidade da literatura de articular e rearticular todos os demais códigos linguísticos verbais e não verbais, e de elaborar a teoria, a crítica e a história da literatura no próprio espaço ficcional.

A prática pedagógica de Judith Grossmann resultava assim da convergência de diversas linhas de abordagem: da postura imanentista da nova crítica, conforme concebida por René Wellek e Austin Warren, no seu clássico compêndio *Teoria da literatura*; da *Teoria da literatura dos formalistas russos*, que privilegiava as noções de literariedade, estranhamento, singularidade; da semiologia de Umberto Eco, destacando-se principalmente as noções de ambiguidade e de obra aberta, conforme as teorizações encontradas em *Obra aberta* e em *Apocalípticos e integrados*; das concepções de Roland Barthes, em *Elementos de semiologia*, e de Roman Jakobson, em *Linguística e poética*, sobre as relações intersemióticas.

Compondo esse lastro teórico, entrelaçando vozes distintas, a voz da professora conciliava capacidade inventiva, afinada sensibilidade e poder crítico-reflexivo. Nas suas diversas pedagogias, Judith Grossmann deixou como herança para os seus sucessores uma *Oficina amorosa*, que inclui o amor pela literatura, pelo magistério, pela atividade de pensar. Aliás, a figura do professor aparece constantemente como um dos temas dos seus textos ficcionais. Em *Nascida no Brasil romance* (1998), a emblemática figura do "Professor de música", cujas aulas extrapolam os conteúdos da matéria que leciona para se dedicar à formação humana, agrega as qualidades que caracterizam a figura do Professor, principalmente de quem se dedica a educar pela arte – no romance, a educar pela música. Aqui, a qualidade ressaltada, entre tantas outras, é a vocação: o professor é um ser vocacionado para compartilhar um saber, e um saber sobre uma determinada arte. Nesse sentido, ele se configura como um biografema de Judith Grossmann, escritora e professora que, através da literatura – da sua oficina amorosa – e das afinidades eletivas, escolheu os seus parentes e contraparentes, construiu uma grande família, súmula em si do universo.

8. Os micropoderes de uma dramaturgia

Cleise Furtado Mendes destaca-se no cenário cultural baiano como dramaturga, tendo 43 peças encenadas, incluindo originais e adaptações. Parte dessa produção compõe a coleção Dramaturgia da Bahia, coleção lançada pela Secretaria de Cultura e Turismo do Estado da Bahia em 2003, publicando *Lábaro estrelado, Bocas do inferno, O bom cabrito berra, Castro Alves, Marmelada: uma comédia caseira, Noiva*. Como dramaturga, as atividades de Cleise Furtado Mendes ampliam-se com a docência exercida na Escola de Teatro da UFBA, onde ministra a disciplina Dramaturgia, contribuindo para a formação dos estudantes de artes cênicas da UFBA.

A sua múltipla atuação acadêmica é sustentada pelas reflexões teóricas e críticas, com ensaios sobre "as estratégias do drama", expressão que se configura como título de um de seus livros, publicado em 1995. No âmbito das reflexões teóricas, Cleise Furtado Mendes interessa-se primordialmente pela problemática da catarse no drama e na comédia, em uma abordagem que desloca a compreensão tradicional do conceito aristotélico, com suas incursões pela história do teatro e da dramaturgia. *A gargalhada de Ulisses: um estudo da catarse na comédia* revela essa preocupação teórica a qual se torna procedimento importante de construção textual, tanto na produção dramática de Cleise Furtado Mendes como nas narrativas integrantes de sua coletânea de contos *A terceira manhã*.

Embora incursione pela prosa e pela poesia, é no drama que Mendes tem se destacado. As peças produzidas e encenadas, como *Lábaro estrelado* (2003), recorrem a um processo de colagem para apresentar as visões do povo brasileiro, fornecendo um imenso caleidoscópio de aspectos díspares de sua cultura. Em *Lábaro estrelado*, a apropriação de um vasto repertório de letras de músicas integra o espectador nas múltiplas vivências sociais, culturais e artísticas, e possibilita um intenso diálogo de dois territórios discursivos: o teatro e a música popular. Esse procedimento demonstra a versatilidade do olhar dessa intelectual, que conhece as possibilidades de configuração da realidade, fazendo da música e do teatro uma maneira de tornar audíveis as vozes de uma cultura, mesclada e híbrida, dando visibilidade plástica aos seus ingredientes. Por outro lado, a recorrência ao vasto repertório musical confirma o delineamento do perfil de uma escritora que opta pelos constantes deslizamentos discursivos, pela apropriação de variados códigos para decifrar e reordenar a realidade sociocultural, fazendo da própria escrita um palco onde se desenrolam os acontecimentos cotidianos.

Na dramaturgia de Cleise Furtado Mendes, percebe-se um entrecruzamento de procedimentos díspares, como o humor, o cômico, o trágico, a ironia, a presença de uma tradição constantemente evocada pelas vozes do passado, vozes de uma tradição culta e popular, a qual atualiza figuras literárias, como Gregório de Matos, em *Bocas do inferno*, e o poeta Castro Alves, na peça *Castro Alves*. Na sua produção, são muitas as estratégias de atuação dramatúrgica a propiciar o entrelaçamento de temporalidades distintas, de variadas formas discursivas, culturais e estéticas, configurando um texto mesclado, em que as fronteiras se esboroam em função de um texto que prima pelo hibridismo. Essa estratégia de construção textual e teatral expande-se também para a sua narrativa épica, montada com forte tônus dramático e teatral, transformando os signos linguísticos em uma espécie de palco onde se dramatizam as cenas do cotidiano, como pode ser observado nos contos de *A terceira manhã*.

Na tessitura narrativa, as inflexões da linguagem, a voz, o gesto, o movimento, as pausas, as reticências, cada letra inscrita no papel plasmam uma cena de forte teatralidade, conferindo à realidade ficcional da narrativa tal ambiência que transforma o espaço literário em um palco no qual as marcações cênicas são compassadamente delineadas à medida que os conflitos e as tensões permeiam ações e relações de personagens e vão sendo pontilhados por cada narrador.

Se nessas narrativas proliferam os elementos dramáticos, os traços líricos também aí se assinalam em muitas passagens, introduzindo na narração ritmos, rimas, tonalidades, recursos expressivos que trazem para a escrita as marcas de afetividade, de leveza, de concisão, e se mesclam com a densidade dramática, e até trágica, a qual encorpa os enredos. Muitas vezes, cria-se uma ressonância entre a realidade subjetiva e a objetiva por meio dessas modulações eminentemente líricas que atravessam a marcação dramática. A narrativa de "A cristaleira" coloca em circulação essas dicções lírico-dramáticas, utilizando-se de ritmos, rimas, reticências, pausas, para acentuar o tônus dramático resultante dos embates entre o passado e o presente vivenciados pela personagem Marta Lobo Junior. O momento do clímax é modulado pelo ritmo da linguagem intensificadora do *pathos* da personagem, ao "som do estilhaçar a cristaleira, o tilintar das taças todas. no último brinde. [...] Bola suja, girando, rodando e sujando, mudando e sujando" (MENDES, 2003b, pp. 42).

Aproveitando-se das potencialidades do foco narrativo descentrado, do narrador descentrado, que multiplica as perspectivas de olhar/narrar e compartilha a esfera na qual articula a sua voz com outras vozes, Cleise Furtado Mendes privilegia os diálogos intertextuais, as apropriações, as migrações discursivas, os processos de reversão cultural, procedimentos estes que se alicerçam em uma concepção de linguagem – de escrita – pressupondo a encenação de forças antagônicas.

Destaca-se o episódio narrado em "O convite" como uma amostragem das tramas e conspirações da escrita, no qual o simples ato de escrever um convite de casamento desencadeia sentimentos imprevistos. A dificuldade de inscrever uma palavra na folha em branco do papel gera conflitos, dramas e rupturas, traduzindo para a protagonista a impossibilidade de concretizar a cerimônia com a qual selaria uma relação conjugal, ritual cujos ingredientes, nos seus mínimos detalhes, já estavam perfeitamente programados. Em "O convite", os poderes da escrita estão associados a essa trama de elementos imponderáveis que fazem liberar forças reprimidas. Sustenta essa problemática a noção de catarse, que, desde a tragédia grega, vincula-se ao drama e aos processos de constituição do sujeito, tornando-se recurso eficaz da interpretação psicanalítica. Por sua vez, é um assunto recorrente nas especulações teórico-críticas de Cleise Furtado Mendes, no estudo das estratégias do drama a partir dos procedimentos construtores da catarse nas mais variadas formas da literatura dramática e das concepções cênicas do Ocidente, conforme as reflexões desenvolvidas em *As estratégias do drama* e, particularmente, no citado *A gargalhada de Ulisses*.

Numa perspectiva teórica que avança em relação ao conceito conforme definido na poética grega, a catarse aqui verificada é simultaneamente crueldade, morte, purificação, epifania e salvação. Da rasura da palavra "cerimônia" no papel, um mundo se esboroa, "pois de repente tudo se deslocou... se desgarrou... tudo voou com ela... [...] a palavra..." (MENDES, 2003b, p. 46) As conspirações da escrita suscitam essas interrupções a desnortear as normas vigentes, as medianas e convencionais relações cotidianas. Por sua vez, o olhar que capta essas minúcias imprevistas, o do narrador-autor, é análogo àquele que capta essas minúcias descritas no conto "A terceira manhã": a mãe que "olha caprichosamente, inquisitivamente, [...] um grande olhar sem pálpebras" (MENDES, 2003b, p. 20), capaz de perceber e flagrar os movimentos mais incompatíveis. Aliás, tematizando a relação professor-aluno como uma relação amorosa – traço autobiográfico presente nessa narrativa – "A terceira manhã" se constitui urdindo uma teia cujos fios entrecruzam questões concernentes à língua (linguagem) e o seu papel na construção de realidades.

O convite dirige-se também ao leitor, transformando-se em uma metáfora da aventura simbólica na qual escrever-ler se enlaçam numa espécie de comemoração da sanidade e da vida. Vida a pulsar nas "aulas maravilhosas" do professor de língua, no conto "A terceira manhã". O professor que tinha "a embriaguez do inglês" e explorava as motivações da língua inglesa e portuguesa, fazendo a maioria da classe sufocar. Além da competência para explorar as "oclusões, os estalidos, os deslizamentos" da língua (MENDES, 2003b, p. 17), o professor é também caracterizado pela sua atuação histriônica, "um homem excessivo, de voz trovejante", pois "ele esplendia, turba canora e belicosa, tanto em Poe, como em Castro Alves" (MENDES, 2003b, p. 170). O pendor para a docência e para o teatro, aqui representado na atuação histriônica do professor, a sua capacidade para lidar com a língua (linguagem) faz com que, através desse personagem, inscreva-se no tecido textual os múltiplos perfis de Cleise Furtado Mendes.

Nessa coletânea, os desdobramentos dessa comemoração podem ser encontrados no conto "Insônia". Tendo como epígrafe uma citação do escritor argentino Jorge Luis Borges, "Insônia" é um monólogo, uma espécie de fluxo de consciência que, desde a epígrafe, apela para as inter-relações ler-escrever. Fluindo em um só fôlego, a dramatização das relações entre escrita (livro) e leitura constrói-se de maneira densa e tensa, passando por questões das teorias e críticas contemporâneas, transformando as aventuras de ler-escrever em algo eminentemente autobiográfico – ou *biobibliográfico* – porque são atividades autorreflexivas: referem-se sempre a ler-se-escrever-se ou, como diz no texto, ser outro, "deixar-se penetrar nesse outro lado, entre as linhas" [...] "ser Ana, Antonia, Marta, e outra trajetória, poder morrer em violência e suspense, e renascer à mercê da escolha" (MENDES, 2003b, p. 51).

Trata-se, desse modo, de uma concepção de escrita que pressupõe uma encenação do sujeito – autor-personagem-leitor – e se encorpa de traços dramáticos, provenientes da atuação de forças antagônicas em um mesmo espaço narrativo. E aqui o crivo da dramaturga e professora de dramaturgia Cleise Furtado Mendes faz proliferar cenas de intensa dramaticidade, nas quais até mesmo a ironia trágica comparece, como se verifica no conto "O herói", no qual o protagonista, depois de três tentativas fracassadas de suicídio, e por isso já se considerando como um predestinado para uma missão especial, termina morrendo atropelado por um ônibus, transfigurando-se, então, em um herói urbano.

Importa assinalar como a atividade leitora está constantemente presente na produção literária de Cleise Furtado Mendes. Sua escrita nasce desse processo de leitura – ou de releitura –, que é bastante ampla e cujas marcas são expostas constantemente. Leitura da produção literária de escritores da nossa história literária e cultural, leitura da biografia desses autores – como Gregório de Matos, Castro Alves, nas peças *Bocas do inferno* e *Castro Alves* – e leitura de um vasto acervo da música popular brasileira, como se verifica na peça *Lábaro estrelado*.

Lábaro estrelado é uma colagem de citações, um amontoado de fragmentos que constituem o texto de Cleise Furtado Mendes, encenado em 1999. São apropriados os fragmentos de um repertório de 265 canções, as quais estão enumeradas no final da peça. A apropriação e a colagem atualizam esses fragmentos dispersos em distintas temporalidades, no sentido de configurar, pela recomposição do material coletado, uma imagem híbrida e estilhaçada do Brasil, em uma representação metonímica do Planalto Central. O cancioneiro é assim acionado no sentido de dispersar uma multiplicidade de visões do Brasil, constituído como uma espécie de colcha de retalhos tecida com os restos de textos recortados, resultantes do trabalho de *decomposição* efetuado vorazmente pela autora para compor os vários retratos do povo brasileiro. Nesse sentido, os próprios fragmentos citados ganham uma espécie de performatividade, são distintas realidades e temporalidades entrelaçadas, trazendo para a cena os personagens que compõem o grande e múltiplo painel da história mitopoético-político-antropológico-cultural do Brasil às vésperas do século XXI, na virada do milênio.

Lábaro estrelado rompe assim com a linearidade e o princípio de causalidade da concepção aristotélica do drama, fugindo também da noção de unidade dramática constituída pela coesão e pela homogeneidade dos seus elementos na estrutura da peça. Cleise Furtado Mendes executa microintervenções para abalar a noção aristotélica do drama, montado com pedaços, restos, resíduos de textos de canções, entoadas pelos personagens. Instala-se assim uma verdadeira polifonia que estampa o caráter múltiplo da identidade nacional/brasileira, evidenciando também o processo de decomposição e desmontagem na feitura da peça. O leitor/espectador embrenha-se nessa tessitura de vozes, sendo convocado a transitar por distintas territorialidades e temporalidades musicais e culturais, recompondo o percurso da dramaturga Cleise Furtado Mendes, leitora-ouvinte voraz da música popular brasileira.

Como as relações estabelecidas entre as cenas não se baseiam na causalidade da lógica aristotélica, instala-se um forte diálogo na contraposição dos diversos discursos que terminam por acarretar uma tensão dramática gerada pelo confronto dessas vozes, colocando em circulação nomes de personagens, como Lindoneia, Maringá, Dagmar, Lígia, Arlindo, Orlando, em referência a nomes de canções com uma assinatura ou uma autoria. Todavia, as intervenções da dramaturga Cleise Furtado Mendes, a partir do processo de decomposição dessas canções, compõe um amplo painel de personagens tomados como expressivos do povo brasileiro.

Ler *Lábaro estrelado* ou assistir a esse espetáculo pressupõe uma dinâmica de armar sintagmas narrativos, personagens, cenas do cotidiano, musicalidade impregnada em cada fala. O texto é simultaneamente música e drama, e o leitor/espectador transita por esses espaços a partir da memorização de, pelo menos, parte do cancioneiro, citado pela dramaturga, que ele conhece. No texto elaborado pela autora para o programa de estreia do espetáculo, em novembro de 1999, dirigido por José Possi Neto, o processo de construção textual está assim definido:

> Esta bandeira se tece com cacos de sonho, fiapos de certezas, cordões de alegria, pontos de rezas, xingos e escrachos, ais e uis, franciscana putaria, lixo barroco, tangas, miçangas, contas do rosário que o poeta popular garimpa e tritura, morde e assopra, intui e delira, que nesta lira tudo se mistura: choro viril, rock meloso, rap raivoso, valsa protesto, marcha a ré, samba sina e devoção, hinos de sadia sacanagem (MENDES, 203, p. 21).

Cacos, fiapos, cordões, pontos... Traduzem o procedimento de construção dramatúrgica através dos fragmentos, das microintervenções operadas na recomposição das diversas canções, para colocar em cena letra de música como texto de teatro, que inventa e reinventa os sonhos de um povo viajando para o Planalto Central do Brasil, para encontrar-se com o novo milênio, em uma espécie de utopia dramatizando a fundação de um novo território sob o signo do *Lábaro estrelado*.

A colagem, o fragmentário, os estilhaços que produzem o cenário teatral, cujo palco é a nação brasileira, colocam em suspensão os procedimentos tradicionais do drama, exibindo outras estratégias de construção. O diálogo dramático, por exemplo, não se constitui usando a lógica sintática convencional, mas se constrói de cacos, fiapos das falas/vozes/canções em superposição que reinventam a linguagem, quebrando a linearidade discursiva característica da cena dramática tradicional e abalando a unidade dramática, numa afirmação da potência da dispersão e do múltiplo. Nesse sentido, a peça não apresenta um protagonista, sobre o qual recai a ação principal, pois, sem distinção, todos os personagens possuem um destaque e uma importância para a configuração desse ambiente em que tudo se mistura: rap, rock, valsa, marcha, samba, hinos. Aqui também a linearidade tradicional do fluxo temporal é desenvolvida em uma direção, objetivando atingir um fim, através do qual se realiza o alívio das emoções – a catarse –, é quebrada pela transversalidade temporal que entrelaça diferentes momentos, histórias, canções, deslocando-se desse modo a própria noção de catarse. A catarse aqui se reconfigura, como em outras peças de Cleise Furtado Mendes, como um dos temas prediletos do pensamento teórico-crítico dessa dramaturga.

Em *A gargalhada de Ulisses: a catarse na comédia* executa-se uma desconstrução desse conceito, a partir de uma releitura das principais teorias do drama desde a *Poética* de Aristóteles, que instaurou no Ocidente uma concepção de tragédia associada à noção de catarse, até as teorias do século XX, algumas delas consideradas anticatárticas. Trata-se, portanto, de um projeto literário, teórico e pedagógico voltado para as estratégias do drama, problematizando a questão: é possível um drama anticatártico?

A perspectiva adotada por Cleise Furtado Mendes é a de que o cômico criativamente duvida da aparência apresentada na forma trágica, configurando outra possibilidade de interpretação que abala a tranquila certeza da elevação trágica, instalando uma crise no conceito. Desse modo, a sua concepção de cômico está associada a uma revisão da consagração trágica. Ao recompor para desconstruir o percurso do preconceito em relação ao cômico, Mendes afirma a importância de se refletir sobre a comédia com suas próprias características, propondo a seguinte discussão: pensando na produção contemporânea, cada vez mais fronteiriça, como pode ainda ser operada uma distinção clara e objetiva entre comédia e tragédia?

Para desenvolver essa discussão, Cleise Furtado Mendes fundamenta-se na leitura de um vasto repertório de textos cômicos, desde os gregos até a contemporaneidade, dialogando com autores de distintas nacionalidades. Em *A gargalhada de Ulisses*, há um capítulo denominado "Corpo de obras dramáticas (comédias)" que enumera as 144 peças constituintes do *corpus* analisado para a reversão da tradição aristotélica que associou a catarse à tragédia. A dimensão do *corpus* exibe a voracidade de uma leitora a adentrar pelas múltiplas virtualidades do cômico, passando por Aristófanes, Menandro, Plauto, Terêncio, Gil Vicente, Nicolau Maquiavel, Miguel de Cervantes, Félix Lope de Vega, William Shakespeare, Molière, Carlo Goldoni, Martins Pena, José de Alencar, Qorpo Santo, Artur de Azevedo, Oscar Wilde, George Bernard Shaw, Eugène Ionesco, Bertolt Brecht, Samuel Beckett, Dias Gomes, Márcio Souza, Millôr Fernandes e tantos outros comediógrafos.

O rebaixamento do cômico efetuou-se em decorrência de diversos fatores. Em primeira instância, a tragédia foi o alvo principal da *Poética* de Aristóteles, que definiu os elementos de sua estrutura e a sua função catártica. Por sua vez, a tradição aristotélica estabeleceu para a tragédia um fim artístico superior ao modo cômico. Diversos outros aspectos culturais, como a "ideologia da seriedade", menosprezaram o cômico.

Para reverter o rebaixamento do cômico e abalar e expandir a concepção de catarse, Cleise Furtado Mendes dialoga com a teoria constituída pelas reflexões de Sigmund Freud, Henri Bergson, Northrop Frye, Charles Mauron, Mikhail Bakhtin, Georges Bataille, Hans Robert Jauss, Umberto Eco e Tzvetan Todorov. Recorre assim a um campo conceitual – o do século XX – que se caracterizou pela valorização do riso como fenômeno cotidiano, a partir de distintas perspectivas de investigação: psicanálise, filosofia, antropologia, em diversos momentos históricos e culturais, atraídas pela experiência do risível como um desafio a pensar os limites da razão e da verdade. Todavia, interessa a Mendes não o cômico da vida, mas o cômico do drama, uma construção poética, regida por determinadas intenções, com o objetivo de provocar determinadas reações e que se justifica pela força com que comove o leitor ou o espectador. Embora dialogando com as teorias as quais circulam no século XX sobre o riso e a catarse, a autora esclarece que as peças citadas propiciam a efetiva teoria da comédia, em cada tempo e espaço. É, portanto, a partir da teoria *implícita na própria criação dos comediógrafos* (MENDES, 2008, p. XXIV) que Mendes desconstrói as teorias tradicionais da comédia.

As coordenadas que sustentam o processo criativo de Cleise Furtado Mendes mobilizam a catarse em suas nuances, confirmando que a recepção do gênero dramático é acessada simultaneamente pela vertente emocional e racional, ou seja, é preciso que o receptor reaja por inteiro ao contato com o mundo representado. Com base nessa perspectiva, Mendes constrói procedimentos dramáticos os quais acionam essas duas ordens. A sua escrita ficcional é, portanto, uma reescrita de questões teóricas, críticas e pedagógicas, como a sua teoria é também uma revisão das escolhas ficcionais já encenadas.

9. Interlocuções concretistas na cena da vanguarda

Estudar a produção de Haroldo de Campos, de Augusto de Campos e de Décio Pignatari é uma tarefa gigantesca, considerando-se a amplitude da produção desses intelectuais brasileiros, fundadores do movimento concretista, na segunda metade do século XX. Além de uma vasta, complexa e polêmica criação poética, eles exerceram uma profícua atividade teórica, crítica, tradutória e docente, estendida por várias décadas, reconfigurando-se em constantes processos de recriação. Nesses campos do saber, eles inauguram posturas literárias e questões teóricas que rompem com os padrões instituídos, situando-se no âmbito das vanguardas artísticas e críticas do século XX.

Com o objetivo de situar o concretismo como parte das vanguardas do período em questão, as reflexões desenvolvidas nesta obra investigam a produção desses intelectuais, procurando retraçar as interlocuções e os entrelaçamentos, as práticas culturais por eles exercidas, por intermédio da literatura (poesia), da teoria crítica e da docência. Ao afirmarem: "todo poema autêntico é uma aventura – uma aventura planificada" (CAMPOS *et al.* 2006, p. 19) e ao traçarem o "plano piloto para a poesia concreta" através de manifestos e de textos teóricos e críticos expondo as relações do concretismo com as vanguardas do século XX, textos estes reunidos na coletânea *Teoria da poesia concreta: textos críticos e manifestos, 1950-1960*, Augusto de Campos, Haroldo de Campos e Décio Pignatari já anunciam a forte correlação entre a criação poética e a atividade teórico-crítica.

Essa relação tão explícita na produção desses intelectuais tem sido o foco principal de abordagem dos estudiosos do concretismo. Pignatari e os irmãos Campos, ao conceberem uma poesia edificada sob a perspectiva do construtivismo artístico "planificado", projetam um traçado arquitetônico que solicita um diálogo com a produção poética, o qual se estabelece ainda como parâmetro para a leitura da própria poesia. Ao arquitetarem um plano piloto para a poesia, na considerada fase ortodoxa do concretismo, eles afirmam a intenção de conformar diversos poetas a uma mesma proposta estética.

Além de Augusto e de Haroldo de Campos e de Décio Pignatari, outros poetas brasileiros e estrangeiros integraram-se a esse projeto, como Ronaldo Azevedo, Ferreira Gullar, Wlademir Dias-Pino, José Lino Grünewald, Cassiano Ricardo, Waldemar Cordeiro. Todavia, é importante salientar as diferenças existentes entre essas produções, mesmo na fase ortodoxa do movimento, rompendo-se, desse modo, com os parâmetros estabelecidos pela teoria da poesia concreta, enquanto poética de programação. Em decorrência dessa ruptura e da diversidade dessa produção, Antonio Risério (1998, p. 74) constata: "não há dúvida de que a via única e exclusiva foi um sonho acalentado seriamente pelos concretistas, que chegaram a pensar, inclusive, na dissolução das individualidades poéticas diante da clareza solar de um projeto coletivo".

Interessa demarcar o lugar de Haroldo de Campos, Augusto de Campos e Décio Pignatari na cultura brasileira como poetas de vanguarda, teóricos – inclusive como teóricos da tradução –, críticos literários, pensadores da cultura, com contundentes e ousadas intervenções culturais, e como docentes (condição esta relacionada a Haroldo de Campos e a Décio Pignatari – Augusto de Campos não esteve vinculado a uma instituição de ensino superior no Brasil, tendo sido apenas professor visitante no estrangeiro). Ao refletir sobre a condição de intelectual múltiplo de Haroldo de Campos, Luiz Costa Lima (2005, p. 120), em seu ensaio "Haroldo, o multiplicador", uma espécie de esboço biográfico sobre o autor das *Galáxias*, destaca que todas as atividades às quais ele se dedicou foram "guiadas pelo mesmo princípio da experimentação", mostrando como o risco, o excesso, o limite são as marcas do seu percurso intelectual.

A afirmação de Costa Lima pode ser utilizada para caracterizar a atuação desses três intelectuais múltiplos, nas suas práticas de poetas, de teóricos e de críticos da literatura e da cultura, bem como na docência. Talvez a condição de artistas criadores e de poetas de vanguarda tenha propiciado a esses atores a liberdade para pensar a literatura e construir conceitos teóricos, críticos e pedagógicos guiados pelo mesmo princípio da experimentação, ainda que possam ser observadas também as singularidades dos seus projetos individuais.

Os textos de *Teoria da poesia concreta* – originalmente publicados em jornais, em suplementos literários, na revista *Noigandres* (principal veículo de divulgação do grupo), nas revistas *ad: arte e decoração* e *Invenção* – declaram de forma recorrente os ideais estéticos de uma poesia autônoma, regida pelo obstinado rigor geométrico da matemática da composição, como característica da neovanguarda dos anos 1950. Esses textos explicitam claramente as relações da poesia concreta com as vanguardas históricas do início do século XX, como o futurismo e o dadaísmo. Os autores que constituem o paideuma dos concretistas são constantemente referenciados, destacando-se Mallarmé (*Um lance de dados*, com as suas subdivisões prismáticas das ideias), Ezra Pound (o arcabouço do ideograma de *Os cantos*), James Joyce (o micro-macrocosmo do *Finnegans Wake*), e. e. cummings (atomização da palavra), Guillaume Apollinaire, Ernest Fenollosa, Oswald de Andrade (em comprimidos, minutos de poesia), João Cabral de Melo Neto (economia e arquitetura funcional do verso – "O engenheiro", "Psicologia da composição" e "Antiode"). Além desses autores, são citadas constantemente a música serial e/ou eletrônica de Pierre Boulez, Anton Webern, Karlheinz Stockhausen, a pintura de Alfredo Volpi e Piet Mondrian, e a escultura de Alexander Calder.

Com esse paideuma, os concretistas recusavam a valoração da tradição literária segundo suas linhas dominantes e estabilizadoras, encontrando no não representativo e nas margens uma atitude nova e radical ante a linguagem. Dessa perspectiva, eles alteraram as diretrizes através das quais se organizavam as vanguardas do início do século XX, deslocando os critérios cronológicos e o ordenamento por "ismos" ou autores. Buscando uma tradição diversa, propuseram uma tradição fora da norma – uma antitradição –, questão esta que norteará as reflexões de Haroldo de Campos (1992) no ensaio "Da razão antropofágica: diálogo e diferença na cultura brasileira". Para Haroldo de Campos, o início da literatura brasileira se efetua no Barroco, com o poeta Gregório de Matos, um dos elementos do tripé da tradição antinormativa – ou da antitradição –, composta ainda pela antropofagia e pelo próprio movimento concreto.

Embora o elenco de autores citados seja heterogêneo, os eixos de seleção do paideuma anunciam a superação do verso, a busca de uma linguagem que se estabelece fora da linearidade da lógica discursiva aristotélica. Ao definirem o poema como "composição de elementos básicos da linguagem, organizados ótico-acusticamente no espaço gráfico por fatores de proximidade e semelhança, como uma espécie de ideograma para uma dada emoção, visando à apresentação direta – presentificação – do objeto" (CAMPOS *et al.*, 2006, p. 75), os concretistas rompem com o desenvolvimento "temporístico linear" da linguagem verbal lógico discursiva, transformando o espaço gráfico em agente estrutural do poema, apelando para um método de compor analógico, ideogramático, feito através de montagens.

Com essas características, pode-se compreender a dimensão reordenadora da linguagem poética contida no plano piloto, em seus diversos aspectos. No plano do nacional, executa-se uma desprovincianização intelectual, trazendo para a nossa cultura – que começava a se afirmar como cosmopolita – temas e teses dos mais variados campos do saber: cibernética, semiologia, teoria da informação, linguística, publicidade, meios de comunicação de massa. Por outro lado, como afirma Antonio Risério (1998, p. 77), em seu *Ensaio sobre o texto poético em contexto digital*, "a teoria concretista foi uma afirmação libertária eloquente, gritando a independência do poeta diante da imposição de ideologias teóricas e práticas de inspiração marxista".

A neovanguarda surgida entre 1950-1960 reacende o vigor das vanguardas históricas do início do século XX, porém, desloca o caráter incendiário desses movimentos – dadaísmo, futurismo, surrealismo, criacionismo, construtivismo –, os quais pretendiam destruir a herança do passado artístico imediato. Às formulações caóticas e às pirotecnias verbais dos diversos "ismos" vanguardistas, o plano piloto superpõe o rigor laboratorial, o fogo da invenção através da racionalidade construtivista e matemática. Como destaca Gonzalo Aguilar em seu amplo e minucioso estudo sobre *A poesia concreta brasileira: as vanguardas na encruzilhada modernista*:

> Os poetas concretos – como fizeram seus antecessores – reuniram-se em grupos, escreveram manifestos, privilegiaram as práticas coletivas e apostaram em um programa de mudança. Entretanto, seus modos de intervenção diferiram drasticamente dos utilizados pelos movimentos de princípios do século XX. A atitude com a qual os poetas concretos se aproximaram do arquivo não se alimentava das práticas do *escândalo*, mas de uma *crítica sistematizadora* que tinha seus antecedentes em Ezra Pound, na escola de vanguarda Bauhaus e nos artistas holandeses Piet Mondrian ou Van Doesburg (AGUILAR, 2005, p. 70. Grifos do autor).

Em última instância, em contraposição às posturas predominantemente niilistas e destrutivas dos movimentos dos anos 1920, os concretistas afirmavam que vanguarda significa um ponto de vista sincrônico e atualizador do passado.

Além da forte interlocução estabelecida com as vanguardas artísticas do início do século XX, a proposta concretista se constitui também dialogando com correntes do pensamento que repercutem de forma vigorosa e profícua nas teorias contemporâneas, como a desconstrução e o descentramento do fonologocentrismo, configurado por Jacques Derrida e tantos outros pensadores denominados pós-estruturalistas.

Derrida denuncia os diversos centramentos operados ao longo da história da filosofia, desde Platão até o século XIX. Reverte aquilo que ele denomina de rebaixamento da escrita, operado na civilização ocidental pelo centramento na fala (*phoné*), considerada a forma privilegiada pela metafísica da presença, por sua proximidade com o logos. Abalar a fala, expondo os seus comprometimentos com o pensamento teleológico e totalizador de herança platônica, significa reverter a metafísica da presença, liberar a ambiguidade constitutiva da escrita e desrecalcar a escrita dos aprisionamentos da representação clássica.

As poéticas de vanguarda e a neovanguarda concretista colocam em suspensão os esquemas representativos da tradição clássica, herdados do realismo do século XIX, promovendo a crise da representação. No "Plano piloto para a poesia concreta", ao se declarar que "o poema concreto comunica a sua própria estrutura: estrutura-conteúdo. O poema concreto é um objeto em si e por si, não um intérprete de objetos exteriores e/ou sensações mais ou menos subjetivas", desconstrói-se o caráter fonologocêntrico da linguagem verbal e da metafísica da presença, em proveito de "uma área linguística específica – 'verbivocovisual' – que participa das vantagens da comunicação não verbal" (CAMPOS *et al.*, 2006, p. 216).

Assim, pode-se compreender a dimensão que passa a ter, no paideuma concretista, a introdução do nome de Stéphane Mallarmé, "o mestre da poética da escrita", por privilegiar o emprego funcional do papel em branco e os espaçamentos que dispõem aleatoriamente a tipografia na página em branco, as letras dispostas no papel, aspectos estes redimensionados pelas experimentações futuristas e dadaístas, passando pelas cintilações tipográficas de cummings, pelo verbivocovisual de Joyce e pela lógica da ideografia chinesa. Todos esses traçados promovem a crítica da lógica discursiva aristotélica, revertendo a linearidade temporística da fala (da *phoné*). Saliente-se, todavia, que esse gesto questionador dos fundamentos do fonologocentrismo metafísico não foi uma luta contra a lógica em geral, já que o poema concreto demanda o obstinado rigor matemático. Trata-se de um gesto que abala a sintaxe e uma lógica a lhe servir de argamassa.

Dessa perspectiva, a práxis concretista empreende também uma crítica aos surrealistas, considerando-os conservadores, uma vez que eles atacavam a lógica, deixando intacta a sintaxe. E, de acordo com Augusto de Campos, o concretismo pretendia a superação do "agrilhoamento formal sintático-silogístico", no sentido de substituir a lógica sintática pela lógica ideogrâmica. Essas questões perpassam os diversos arquivos que constituem os manifestos da teoria da poesia concreta, ampliadas nos ensaios da coletânea organizada por Haroldo de Campos, intitulada: *Ideograma: lógica, poesia, linguagem*. Ensaios teóricos produzidos em esferas diferentes das dos manifestos ratificam essa práxis teórico-crítica, em constante interlocução com a criação poética, como o ensaio "Um lance de 'dês' do grande sertão", de Augusto de Campos (1978), ao investir nas subdivisões prismáticas das ideias que percorrem o texto rosiano, ou o ensaio de Haroldo de Campos "Estilística miramarina" (1992), no qual se destaca a construção cubofuturista plástico-estilística do texto de Oswald de Andrade.

Desse modo, o poeta concreto torna-se um designer de signos, um designer ou performador da linguagem, como define Décio Pignatari, associando visualidade da escrita e revolução estética: dinamita-se a frase, o encadeamento sintagmático, para construir ideogramas, textos compostos pela justaposição de signos associados. Nesse sentido, a linguagem poética enxerta-se com signos da publicidade e do desenho industrial – uma das ricas interlocuções concretistas, tendo sido a publicidade mais uma profícua atuação de Décio Pignatari, como componente do grupo. Os procedimentos e as tecnologias oriundas da sociedade industrial e dos meios de comunicação de massa, bem como dos anúncios publicitários são apropriados e repercutem em poemas como "Cidade", "Luxo/lixo", "babe cola", "cloaca", "Disenfórmio". A literatura desloca-se do espaço do livro e da biblioteca, vai para os museus e também circula em revistas de arquitetura e desenho industrial, como a revista *ad. – arte e decoração*. A concreção da palavra, o signo verbal tornado objeto visual e táctil, executa a reversão do fonocentrismo, retirando a escrita da sua condição de mera transcrição da fala e de cópia degradada e distante do *logos* – *pharmakon* que se oferece como veneno.

Para o grupo noigandres, essas operações têm um caráter didático. No manifesto "arte concreta: objeto e objetivo", publicado originalmente na revista *ad – arquitetura e decoração* (nov./dez. 1956) e republicado no *Correio da Manhã* (6/2/1957) e no "Suplemento Dominical" do *Jornal do Brasil* (21/4/1957), Décio Pignatari ratifica o interesse do concretismo por todas as manifestações visuais – pela "lógica do olho" – como as descobertas em uma fachada de uma tinturaria popular, os anúncios luminosos, as pinturas de Volpi e Mondrian, afirmando o caráter didático-pedagógico da poesia concreta. Ressalta Pignatari na sua avaliação sobre a exposição da poesia concreta:

> Pela primeira vez, os concretistas brasileiros têm a oportunidade de se reunir como presença imediata de realização e como postulação de princípios [...] A mostra de poesia concreta tem um caráter quase didático: fases da evolução formal, passagem do verso ao ideograma, do ritmo linear ao ritmo espacio-temporal: novas condições para novas estruturações da linguagem, esta relação de elementos verbivocovisuais – como diria Joyce (CAMPOS *et al.*, 2006, p. 63).

A postura didático-pedagógica estabelece-se como traço que se entrelaça na própria criação poética concretista, mas ela também se expande para outros espaços, a partir da atuação docente desses intelectuais, vinculados a instituições de ensino superior, através das quais espalham as suas ideias e realizam uma produtiva atividade pedagógica.

As questões pedagógicas ainda não foram suficientemente consideradas pela crítica do concretismo. Esse aspecto, todavia, é crucial para os objetivos desta abordagem, tendo em vista o momento histórico da atuação acadêmica desses professores-poetas ou poetas-professores, em situação limiar no que diz respeito à emergência dessa figura no contexto institucional e acadêmico dos anos de 1960 e 1970.

Haroldo de Campos ingressa na Pontifícia Universidade Católica de São Paulo (PUC-SP) em 1973, como professor do programa de pós-graduação em literatura e semiótica. Além da docência exercida na PUC-SP, foi também professor visitante em diversas universidades estrangeiras, como na Universidade de Yale, na Universidade de New Haven (1978), na Universidade do Texas, em Austin (em 1971 e em 1981), e na Universidade de Stuttgart.

Décio Pignatari, no período entre 1962 e 1964, foi professor na Escola Superior de Desenho Industrial do Rio de Janeiro. Em 1967, ingressou como professor de teoria da literatura da pós-graduação da PUC-SP e, nessa mesma instituição, ministrou aulas de comunicação e semiótica. De 1974 a 1994 atuou como professor da Faculdade de Arquitetura da Universidade de São Paulo (USP). Foi também publicitário e planejador de *layouts*.

Desse modo, esses poetas-professores possibilitam flagrar os modos de representação do escritor múltiplo nos espaços acadêmicos, no momento em que determinadas forças institucionais propiciam a emergência e o desempenho dessa figura nas universidades brasileiras. Como já considerado, a introdução da teoria da literatura nos currículos dos cursos de Letras foi um elemento importante para o aparecimento dessa personalidade literária, pois evidencia a criação de uma mentalidade de *scholarship* no ensino da literatura – como também da linguística e demais ciências da linguagem, como a semiologia/semiótica –, que cresceu em importância nos cursos de Letras do país, inclusive com a criação dos cursos de pós-graduação também nesse período.

A docência torna-se uma espécie de laboratório de produção de teorias-críticas e de criação poética, colocando em interlocução as múltiplas vozes desses atores, tecendo os diversos fios de um saber nômade, em constantes migrações discursivas. As questões teóricas e críticas, as questões tradutórias e pedagógicas se enlaçam como acontecimentos polifônicos.

Em depoimento sobre a experiência pedagógica de Haroldo de Campos na Universidade do Texas (Austin), Charles A. Perrone (2013) confirma a disseminação das interlocuções concretistas a nível internacional, explicitando como as teorias tradutórias refletiam-se na práxis acadêmica, cujos alunos eram motivados a realizar traduções de textos da literatura brasileira, como trabalho final das disciplinas, a exemplo das versões de *Memórias sentimentais de João Miramar* e de *Serafim Ponte Grande*. Perrone participou dos diversos cursos ministrados por Haroldo de Campos, na graduação e na pós-graduação, e acompanhou o processo de criação dos poemas da série "Austineia desvairada", incluída em *A educação dos cinco sentidos*, esclarecendo como esses 15 poemas foram escritos ao longo da permanência de Haroldo durante 15 semanas (um semestre letivo nos Estados Unidos) na Universidade em Austin.

Charles Perrone (2013, pp. 41-64) anexa ao seu texto-depoimento "Laudas, lances, lendas e lembranças: Haroldo na Austineia desvairada" os programas das disciplinas distribuídos aos estudantes, por meio dos quais se pode constatar que as preocupações teóricas, críticas e tradutórias se expandem através da docência em terra estrangeira. O programa de "Semiologia da evolução literária: o modelo Barroco e sua produtividade na poesia brasileira", por exemplo, revela uma das principais preocupações do professor-poeta, que elege o Barroco como o nascer da literatura brasileira, revertendo a historiografia estabelecida e incluindo o concretismo na linha evolutiva do poeta Gregório de Matos e Guerra.

Do mesmo modo, as idas de Haroldo e Augusto à Universidade de Stuttgart (Alemanha) e o estreitamento dos laços com Max Bense confirmam os trânsitos teóricos e tradutórios que colocam em interlocução o Brasil, em acelerado processo desenvolvimentista, e as universidades estrangeiras: esse gesto interlocutório mobiliza as forças de criação dos poetas do concretismo, bem como as questões teóricas, críticas e tradutórias que fundamentavam o pensamento dos concretistas enquanto movimento de (neo)vanguarda, na segunda metade do século XX.

10. (Auto)Biografias concretistas: desafios

> *Todo poema autêntico é uma aventura – uma aventura planificada. Um poema não quer dizer isto nem aquilo, mas diz-se a si próprio, é idêntico a si mesmo e à dessemelhança do autor, no sentido do mito conhecido dos mortais que foram amados por deusas imortais e por isso sacrificados.*
>
> Décio Pignatari

Para efetuar uma leitura da produção poética, teórico-crítica e pedagógica dos intelectuais Haroldo de Campos, Augusto de Campos e Décio Pignatari, partimos da inter-relação dessas instâncias discursivas, para verificar como esses intelectuais se representam no cenário literário e cultural de sua época, imprimindo seus traços (auto)biográficos na rede de escritas que disseminam. Em *Teoria da poesia concreta*, ao definirem a poesia como "produto de uma evolução crítica das formas, dando por encerrado o ciclo histórico do verso" (CAMPOS *et al.*, 2006, p. 215), os concretistas optam por uma estrutura "espácio-temporal", em vez de um desenvolvimento meramente "temporístico-linear", tomando o espaço gráfico como agente estrutural do poema. Trata-se de uma proposta de construção poética que se constitui elegendo a interlocução com outras linguagens – artes visuais, música concreta e eletrônica, publicidade – como fator preponderante e emergente de um projeto teórico e crítico delineado racionalmente no sentido de se contrapor a uma poesia de expressão subjetiva e hedonística.

Em diversos textos da *Teoria da poesia concreta*, coletânea dos manifestos difundidos em jornais, suplementos literários e revistas dos anos de 1950-1960, encontram-se várias referências que podem ser recortadas para se compreender o posicionamento desses intelectuais em relação às questões biográficas e autobiográficas da literatura.

Como um movimento de vanguarda da segunda metade do século XX, os textos integrantes da *Teoria da poesia concreta* têm um valor programático – constituem-se assim como poéticas de programação – e trazem a assinatura de Augusto de Campos, Haroldo de Campos e Décio Pignatari. Como projeto de vanguarda, ele tem caráter coletivo e, também, didático. Nesses textos são enunciadas as premissas estéticas e éticas do concretismo, e é partir desses traçados que o movimento se lança como uma neovanguarda a estabelecer seus próprios pressupostos em relação à tradição estabelecida, demarcando ainda o seu lugar diante das vanguardas históricas do início do século XX.

Do ponto de vista das questões propostas para essas reflexões, interessa destacar a tensão entre o projeto do concretismo, conforme estabelecido nos manifestos de 1950-1960, os quais constituem o que se denomina de forma mais ampla o "Plano piloto para a poesia concreta", e a realização e repercussão desse projeto em relação à problemática da autobiografia. Sob a denominação de "Plano piloto para a poesia concreta" estão incluídos todos os textos que constituem a coletânea, na qual está também inserido o "Plano piloto para a poesia concreta", espécie de manifesto síntese dos demais textos, assinado por Augusto de Campos, Haroldo de Campos e Décio Pignatari. Trata-se, aliás, do único ensaio com a assinatura dos três integrantes do movimento.

A epígrafe citada aqui é retirada do texto de abertura intitulado "Depoimento", de Décio Pignatari. O fragmento é um recorte de uma entrevista, publicada originalmente em um suplemento do jornal *O Estado de S. Paulo*, em 2 de abril de 1950. Nele se destacam duas questões cruciais do programa concretista: 1. o poema como uma realidade em si, uma realidade linguística, planificada, objetiva, concreta e substantiva, submetida à lógica da matemática da composição, e produto industrial de consumação feito a máquina; 2. a problemática da autoria, ou melhor, da impessoalidade da autoria e do deslocamento da expressão subjetiva na poesia. Essas questões se correlacionam e são primordiais para refletir sobre os desafios da (auto)biografia nas interlocuções concretistas.

O grupo noigandres, sob diversos aspectos, efetua uma crítica explícita e contundente à poesia intimista, ao poeta inspirado, à *démarche* catártica, declarando que "o poema concreto não se nutre nos limbos amorfos do inconsciente, nem é lícita essa patinação descontrolada por pistas oníricas de palavras ligadas ao sabor de um subjetivismo arbitrário e inconsequente", pois "o poema concreto é submetido à consciência rigorosamente organizada e que vigia em suas partes e no todo, controlando minuciosamente o campo de possibilidades aberto ao leitor" (CAMPOS *et al.*, 2006, p. 142). Apoiando-se nos formalistas russos, os quais consideravam a obra literária como uma realidade primordialmente linguística, uma realidade em si, e não um intérprete de algo exterior, ou um sucedâneo da vida, e independente de elementos biográficos, os concretistas, em sua fase ortodoxa, pretendem fazer da poesia algo impessoal e objetivo, neutralizando, por essa via, as marcas autobiográficas.

Em "Construir e expressar", Décio Pignatari declara que "a vontade de *construir* superou a vontade de *expressar*, ou de *se expressar*. O poema, impessoal, passa a ter deliberada função coletiva" (CAMPOS *et al.*, 2006, pp. 175 e ss), conclamando os poetas "que calem as suas lamúrias pessoais ou demagógicas e tratem de construir poemas à altura dos novos tempos, à altura dos objetos industriais racionalmente planejados e produzidos".

A vontade de construir que pretende superar a vontade de se expressar dá visibilidade a uma tendência já anunciada na poesia desde os fundadores da modernidade. Hugo Friedrich, em seu livro *Estrutura da lírica moderna*, destaca Charles Baudelaire como o poeta da despersonalização, como aquele que dá início a essa vertente na lírica da modernidade ao romper com a unidade poesia e pessoa empírica, como havia estabelecido o romantismo. *As flores do mal* têm a capacidade de neutralizar o coração pessoal e introduzir na lírica a noção de construção sistemática de uma arquitetura, operada com os impulsos da língua.

Em Mallarmé, poeta que constitui o paideuma do concretismo, observa-se também a ausência de uma lírica de sentimento e de inspiração, percorrendo um caminho do sujeito poético a uma neutralidade suprapessoal. A poesia de Mallarmé evidencia o momento de apoteose do signo tipográfico ocupando o espaço em branco da página e promovendo o esvaziamento da subjetividade. Hugo Friedrich (1978, p. 110) observa que nenhuma das poesias de Mallarmé poderia ser interpretada biograficamente. Muitos outros nomes poderiam constar dessa relação de escritores que anunciam e celebram a impessoalidade ou a despersonalização, considerando-se principalmente os poetas inventores, como Ezra Pound, Cummings etc., citados pelos concretistas.

No Brasil, a antilira de João Cabral de Melo Neto celebra a despersonalização do poeta através de uma poesia de construção, racionalista e objetiva, contra uma poesia de expressão, subjetiva e irracional. Cabral evoca a tradição do rigor por intermédio do poeta engenheiro, com os riscados calculados no papel, com régua e esquadro. Cabral é também um poeta-crítico, faz análises e critica o fazer poético no próprio poema, assumindo um caráter didático-reflexivo. É a poesia-crítica de João Cabral que começa por desmitificar o próprio conceito de poesia. Ela é uma antipoesia, uma poesia a se contrapor ao conceito literário e amplamente difundido de poesia. Cabral destrói a aura romântica do poeta, abalando a noção de poesia feita de exames de sentimentos inarticulados, dócil e submissa às concessões sentimentais. Contra essa vertente já sedimentada, Cabral engendra o "dique de sua poesia-prosa, sua poesia-crítica, sua poesia pedra", como define Augusto de Campos (1978, p. 52), em seu ensaio "Da antiode à antilira", em *Poesia, antipoesia e antropofagia*.

A poesia concreta objetiva então a verticalização de uma tendência já assinalada na lírica desde o início do século XX, e que será radicalizada por Augusto de Campos, Haroldo de Campos e Décio Pignatari em sua produção teórico-crítica, ao arquitetarem didática e programaticamente seu plano de elaboração poética. Reafirmo: trata-se de um projeto grupal, de vanguarda, com o objetivo de realizar-se em consonância com o momento histórico, sociocultural no qual se situa. No trecho do "Depoimento" de Décio Pignatari citado anteriormente, exorta-se: "tratem de construir poemas à altura dos novos tempos, à altura dos objetos industriais racionalmente planejados e produzidos" (CAMPOS *et al.*, 2006, p. 176).

Essa exortação tem como implicação diversos tipos de interlocuções que a poesia concreta passa a estabelecer com o seu contexto. O próprio título do manifesto coletivo de 1958, incluído em *Noigandres 4*, "Plano piloto para a poesia concreta", anuncia o desejo desses poetas de participarem do clima de desenvolvimento compartilhado por arquitetos, pintores, escultores, profissionais liberais, funcionários e políticos a partir do triunfo do "Plano Piloto" de Lúcio Costa, base para a construção da nova capital do Brasil: a cidade de Brasília, símbolo do país moderno. Gonzalo Aguilar elabora uma profícua comparação entre a cidade símbolo e o projeto dos concretistas:

> A eliminação da rua como célula de organização urbana, no "Plano Piloto" de Lúcio Costa, era homóloga à eliminação do verso na poesia concreta. Cidade sem ruas, poesia sem versos: os elementos de reconhecimento e de orientação básicos são substituídos por uma espacialidade que exige novos conceitos (AGUILAR, 2005, p. 83).

Aguilar refere-se a um dos elementos de maior proeminência levado a cabo pelo grupo noigandres: a eliminação do verso, a desconstrução da sintaxe discursiva, a instalação da antidiscursividade na vanguarda da segunda metade do século XX. Nessa perspectiva, compreende-se a apropriação do ideograma como objeto poético. O poema concebido como uma partitura verbivocovisual, palavras em diferentes caixas e diferentes recursos tipográficos. Desse modo, a poesia concreta responde a um tipo de *forma mentis* contemporânea, semelhante aos cartazes, aos *slogans* de publicidade, promovendo uma comunicação rápida dos objetos culturais. No manifesto "evolução das formas: poesia concreta", Haroldo de Campos (CAMPOS *et al.*, 2006, p. 81) esclarece que, neste contexto, a "figura do poeta romântico, persistente no sectarismo surrealista, do poeta 'inspirado', é substituída pela do poeta factivo, trabalhando rigorosamente sua obra, como um operário um muro". Este coloca o poema sob o foco de uma consciência rigorosamente organizada, que atua sobre o material em suas múltiplas dimensões: palavra, sílaba, som, fisiognomia acústico-vocal-visual dos elementos linguísticos, campo gráfico como fator de estruturação "espácio-temporal", fazendo sobressair as zonas abertas da visualidade da escrita. O perfil do poeta factivo expande-se por intermédio do poeta performador, do designer, como advoga Décio Pignatari, entrelaçando poesia e publicidade, forma de linguagem da sociedade industrial e tecnológica.

A racionalidade construtiva foi assim uma diretriz perseguida programaticamente pelos poetas do grupo noigandres, resultando daí a precisão geométrica na distribuição do material verbal que descartava a forma "orgânica", indigitada como subjetiva e autobiográfica. Essa escolha estética – a da racionalidade construtiva geradora de uma poesia limpa, objetiva e impessoal – apela também para uma espécie de conglomerado de linguagens – pintura, desenho industrial, quadrinhos, cinema, publicidade – com procedimentos que sustentariam e acentuariam o apagamento das marcas autorais e autobiográficas. Como performadores e designers, os poetas do concretismo pretenderam transplantar para o terreno da poesia a lógica do desenho industrial, utilizando-se de textos sintéticos, projetados como objetos visuais, ideogrâmicos. No seu *Ensaio sobre o texto poético em contexto digital*, referindo-se a essas inter-relações, Antonio Risério (1998, pp. 98 e ss) observa como Décio Pignatari chegou a cair "algo messianicamente, num utopismo funcionalista do poema como 'objeto útil'".

Risério correlaciona a vontade construtivista do grupo noigandres à escolha e utilização nas produções poéticas da letra "futura", Letra Racional, desenhada por Paul Renner, em 1925, apontando os motivos pelos quais esse tipo gráfico foi considerado letra racional. Destaca Risério que o tipo impressiona por sua clareza, elegância e perfeição, e é uma letra industrial, projetada para a produção pesada de livros, avaliando ainda: "o tipo futura é perfeito no contexto da semiótica concreta porque ambos habitam um mesmo campo magnético: a moderna estética construtivista que se armou em resposta às novas realidades criadas pela expansão da sociedade urbano-industrial de massa". Nesse sentido, texto e letras se fundem em uma espécie de isomorfismo, e a "futura" (apesar de *bold*) concorria para o caráter limpo, objetivo e impessoal desejado para o texto.

É importante lembrar que, entre as tantas atuações de Décio Pignatari, ele foi publicitário e professor de semiótica e foi também o responsável pela aplicação do design à produção poética Na elaboração de seus poemas e nas suas reflexões teórico-críticas, recorreu à semiótica, à cibernética e à teoria da informação e da comunicação, que introduziu como disciplina no ensino brasileiro, na Escola Superior de Desenho Industrial da Guanabara, em 1964. Diante desses diálogos tão estreitos desses campos do saber com a poesia, Pignatari considerava-se um designer da linguagem. Ainda direcionado por esse princípio agenciador, a poesia concreta cria um local de interação com outras artes, como a pintura, a escultura, a arquitetura, compartilhando com elas os espaços dos museus e das bienais em São Paulo, em momento de grande efervescência cultural da cidade cosmopolita.

Ao adotar a lógica do desenho industrial, evidentemente esses poetas designers abrem para a poesia um vasto campo de possibilidades, solicitando também a sua integração na vida cotidiana, semelhante àquela que a escola Bauhaus propiciou às artes visuais, quer como veículo de propaganda comercial – jornais, cartazes, TV, cinema –, quer como objeto de fruição.

Diante da contundência dessas posturas teóricas, como pensar a relação da produção poética do concretismo com as questões (auto)biográficas? A partir das concepções contemporâneas sobre as relações do escritor com sua escrita, é possível falar de um apagamento do autor no texto produzido por ele próprio? O apagamento dos rastros autorais pode estar submetido a uma intenção autoral? E é possível extrapolar o querer dizer autoral? Os traços inscritos nos textos poéticos, por mais forte que tenha sido a vontade de impessoalidade, não podem ser lidos como resíduos de uma intenção cumprida apenas parcialmente pelos procedimentos que deslocam os sujeitos, porém, simultaneamente, os reconstituem? Como podemos entender as questões aqui anunciadas por vigorosas vertentes da lírica do século XX, como a poesia de Mallarmé, de Baudelaire, de João Cabral, da poesia concreta etc.? Seria possível ratificar a afirmação de Hugo Friedrich de que os poemas de Mallarmé não podem ser analisados biograficamente? E os poemas dos concretistas? Impessoalidade, lógica matemática da composição, realidade linguística planificada, vontade de construção, todos esses aspectos não se constituem como traços na escrita que desenham o perfil de um sujeito ou de um grupo de indivíduos? Por que pensar subjetividade e expressão como desejo de autobiografia, e objetividade e construção como desconstituição (auto)biográfica? Como esses intelectuais se representam no palco da escrita dos manifestos e dos poemas produzidos sob o impacto desses textos pedagogicamente programáticos?

A criação grupal não elimina a individualidade criadora. Antonio Risério, nas suas reflexões sobre poesia concreta no *Ensaio sobre texto poético em contexto digital* já chegara a essa conclusão. Retomo a sua bela citação sobre o sonho da dissolução das individualidades poéticas diante da clareza solar de um projeto coletivo: "não há dúvida de que a via única e exclusiva foi um sonho acalentado seriamente pelos concretistas, que chegaram a pensar, inclusive, na dissolução das individualidades poéticas diante da clareza solar de um projeto coletivo" (RISÉRIO, 1998, p. 74).

Os aspectos (auto)biográficos de um sujeito fazem parte do processo de feitura de sua produção, seja ela qual for, porque a autobiografia não se encontra apenas no conteúdo, ou na referencialidade dos fatos, ela está nas articulações da linguagem, nos ritmos, sejam eles sonantes ou dissonantes. É através do perigoso pacto do sujeito com a linguagem na qual ele imprime os seus rastros, que se erige sua biografia. A lição (auto)biográfica de Paul Valéry data do final do século XIX e é bastante radical e enfática: mesmo uma teoria é autobiográfica. Uma equação matemática é autobiografia. Nessa perspectiva teórica, até os manifestos da poesia concreta são autobiográficos. Neles, encontram-se processos de dramatização desses intelectuais, encenações que apelam para estratégias coreográficas e persuasivas variadas, no sentido de dar visibilidade às marcas que pretendem perseguir nos seus textos para chegar a um objetivo construído com rigor matemático e vontade de radicalidade. O próprio desejo de impessoalidade traz para o contexto dos manifestos traços, gestos, performances, experimentações linguísticas, questões e temas teóricos que definem o perfil desses sujeitos que, no palco da escrita, assumem a máscara da despersonalização. A atividade docente exercida por Haroldo de Campos e Décio Pignatari espraia-se pelas veementes lições de poética que enxertam os textos da *Teoria da poesia concreta*.

O autor – ou os autores – está na sua escrita. As escolhas que faz do repertório de escritores, os procedimentos que elege para a constituição de uma poética, as palavras selecionadas para caracterizar o seu ofício – como o poeta performador, o poeta designer – trazem uma marca a qual exibe a figura de um sujeito que se constrói e se dispersa nas impressões do gráfico no papel, exemplificado aqui por Décio Pignatari, simultaneamente poeta designer e publicitário, ao deixar sua assinatura de profissional da publicidade na teoria, como em tantos poemas produzidos por ele, como "Disenfórmio" e "Beba coca-cola".

As estratégias de encenação do sujeito autor são múltiplas e variadas. A tradição lírica romântica apelou para uma transparência referencial e naturalista, na qual expressão e subjetividade se constituíam como principal veículo para a preservação do autor através do eu que se inscreve na folha em branco. Os fundadores da modernidade e, de forma mais radical e polêmica, os poetas do concretismo, na sua fase ortodoxa (1950-1960), elegem a impessoalidade e a despersonalização como ingredientes da encenação poética, pensando, de maneira um tanto equivocada, que sob essa máscara estariam obliterando as suas subjetividades, que, todavia, jamais se ausentaram da produção desses intelectuais múltiplos.

Podemos ler essa radicalidade construtivista como uma estratégia de reversão de uma tradição que primou pelo transbordamento da expressão e da subjetividade, até elevá--la ao nível máximo de entropia e estagnação. Ou seja, baixa informação do ponto de vista da teoria da comunicação, tão cara aos poetas do concretismo.

11. Fluxos e errâncias sígnicas

No início do ano 2000, para comemorar os seus 50 anos de atividade poética, a contar a partir do seu livro de estreia *O carrossel*, editado pelo Clube de Poesia de São Paulo, Décio Pignatari publica um álbum de "fotos pensadas" denominado *Errâncias*.

O livro é um objeto estético primoroso, dividido em trinta sessões ou fragmentos, uma espécie de álbum, com registro de fotos de várias pessoas e lugares. A maioria das fotos é do próprio Décio Pignatari, mas há um grande número de autoria anônima, isto é, sem registro de lembrança, e algumas outras, de autoria de amigos, conforme os créditos das fotos no final do livro.

Cada fragmento/sessão inicia com páginas negras, onde se inscreve o nome da sessão, geralmente nome de pessoas da família e de escritores os quais tiveram alguma ligação com Décio – Volpi; Tarsila; Peirce; Mallarmé; Jakobson; Pound; Cordeiro; Erthos; Oswald; Duprat etc. – e nome de lugares escolhidos pelo afeto – Curitiba; London, London; Japão; rua da Estação.

O título de cada fragmento aparece em azul, destacando-se visualmente do negro. As folhas seguintes permanecem com o papel negro, onde se localiza a foto de uma pessoa, muitas vezes retratos posados, ou flagrantes de paisagens turísticas urbanas (prédios da arquitetura contemporânea, *outdoors*) ou de paisagens rurais. Sobre o negro da folha, inicia-se o texto escrito também com letras azuis, porém, ao virar a página, ele continua sobre o papel branco com letras pretas. No final de cada sessão, volta a aparecer uma foto, geralmente a do início da sessão, ou uma variação desta.

A programação visual do volume estampa o trabalho de um competente designer da linguagem e de estruturas, movimentando signos de natureza distinta e apropriando-se de temporalidades variadas. Ao interrogar, sob lapsos de signos e de tempos, momentos variados de uma história – a sua própria história – através da apropriação de outras histórias, Décio Pignatari oferece ao leitor um "memorialismo semiótico". Nesse sentido, pode-se compreender como o título *Errâncias* traduz esse movimento de mediação do signo entre a vivência e a imagem, por fluxos descontínuos entre a realidade objetiva e a metarrealidade.

Na apresentação do volume, Pignatari (1999, p. 10) esclarece que as páginas nasceram da

> quase-intenção de um biobalanço, num diagrama de traços de um fugidio movimento browniano, colagem autobiográfica de pedaços de vidas alheias, bem a meu gosto pelas biografias, sobretudo as hipotéticas como se veem em John dos Passos e Virgínia Woolf. [...] Um balanço, mas interrogativo: um quadro verbovisual intensa e intencionalmente prazeroso para certos olhos.

Com a expressão "em fugidio movimento browniano", expõe o processo de construção interdiscursiva e intersemiótica de seu texto, montado em uma constatação da física, identificada por Brown, de que as partículas se movimentam em todas as direções, de forma aleatória. Tomando como referência esses fluxos aleatórios, Pignatari define a sua "quase-intenção" ao montar esses depoimentos, essas memórias, reflexões sobre o que foi visto, ouvido, vivido, fotografado, transformando-os em "errâncias verbo-icônicas, viagens por gentes e lugares conhecidos e desconhecidos. [...] E por tempos desconexos".

Trata-se, assim, de um livro que, na sua macroestrutura, rompe com a sequência linear e o encadeamento lógico dos capítulos, atualizando, 50 anos depois, um traço assinalado nos diversos manifestos dos anos 1950-1960 da *Teoria da poesia concreta*, ao deslocar a sintaxe discursiva aristotélica, propondo as constelações prismáticas das ideias pela atomização das estruturas sintáticas e da palavra.

Se, nesse biobalanço, as diversas biografias entrelaçadas compõem a autobiografia de Décio Pignatari, *Errâncias* pode então ser caracterizado como um texto memorialístico, simultaneamente biográfico e autobiográfico (e/ou bioficcional e autoficcional). Contudo, nessas histórias de vida, inserem-se muitas outras histórias, reconstruídas pela memória afetiva de um sujeito, amalgamada também por outras memórias – literária, cultural, política, teórica, filosófica etc. – que também escrevem a história da literatura, da cultura, da política, da semiótica, em nível nacional e internacional.

Nesse sentido, nas páginas em branco e preto do livro concretiza-se aquilo que o título anuncia: *Errâncias*: vagar entre signos, deambular entre distintas territorialidades e temporalidades discursivas. Errância ainda no sentido de se expor ao erro, arriscando-se nos desafios da movimentação desses fluxos, das idas e vindas dos signos nos seus traçados intersemióticos, pois "o significado de um signo é sempre um outro signo e assim se expande a multidirecional rede significante: o significado de um poema é outro poema, o de um edifício um outro, o do ser humano um outro ser humano e tudo que humano não for, nem puder ser" (PIGNATARI, 1999, p. 65).

A construção descentrada e o caráter de indecidibilidade desse livro-álbum foram registrados desde o seu aparecimento por Paulo Franchetti, na resenha intitulada "Errâncias de Décio Pignatari", publicada no jornal *Correio Popular de Campinas*, em 21 de outubro de 2000. Ao destacar o senso agudo de provocação e polêmica suscitado pelo livro, Franchetti afirma:

> Não é exatamente um livro de memórias, nem de ensaios filosóficos, semióticos ou políticos, nem de narrativa de viagem; tampouco é um conjunto de crônicas de celebração de totens concretistas, ou uma série de estudos sobre eles. É tudo isso alternada ou misturadamente (FRANCHETTI, 2000, p. 1).

Essa (não) caracterização da tipologia textual, que inclui tantas possibilidades de leitura, convoca o leitor a enfrentar, nas suas errâncias sígnicas e semióticas, os desafios propostos pelo emaranhado dos fluxos acionados por essas fotoescrituras de um "acervo biojuntado" aleatoriamente, expressão utilizada por Pignatari na sua apresentação do livro. Em uma entrevista concedida à revista *Cult n. 38* (setembro de 2000), o processo da montagem do álbum a partir de um acervo biojuntado é também esclarecido, em uma declaração sobre o motivo pelo qual ele planejou o *layout* de formatação do livro: o desejo de transformar fósseis fotográficos armazenados em baús e gavetas de sua casa-estúdio onde morava, no município de Morungaba, São Paulo, no momento em que se mudava para Curitiba. Trata-se, portanto, do desejo de transformar um arquivo morto em algo vivo.

Como uma revisitação ao passado, ou melhor, uma leitura do passado, um dos traços mais significativos a destacar em *Errâncias* é o seu caráter assumidamente autobiográfico, o desejo declarado de um sujeito de construir-se afetivamente pela exposição de sua subjetividade, do seu eu, em constante diálogo e interlocução com outros eus. Esse traço representa um desvio, ou mesmo uma correção de questões teóricas propagadas nos textos-manifestos da teoria da poesia concreta dos anos de 1950-1960, como se verifica no manifesto denominado "Construir e expressar". Esse texto vem assinado pelo próprio Décio Pignatari (2006, p. 175), que declara: "a vontade de *construir* superou a vontade de *expressar*, ou de *se expressar*. O poema, impessoal, passa a ter deliberada função coletiva".

Já foi explicitado como a repressão e a neutralização do sentimento, da subjetividade, da expressão foi um dos tópicos difundidos de forma mais contundente pelos poetas do concretismo brasileiro, ao levantarem a bandeira do rigor matemático e da poesia como uma aventura planificada, qualidades apropriadas para os novos tempos da literatura, isto é, a literatura na era das tecnologias industriais. Desses pressupostos resulta o projeto de uma poesia objetiva, limpa, impessoal. Os poetas do concretismo, Haroldo de Campos, Augusto de Campos e Décio Pignatari, como herdeiros dos fundadores da modernidade – Edgar Allan Poe, Ezra Pound, Charles Baudelaire, Stéphane Mallarmé, e. e. cummings, João Cabral de Melo Neto –, celebram a impessoalidade, a despersonalização do poeta, o esvaziamento da subjetividade como procedimentos construtores da poesia, estabelecendo por essa via uma ruptura com a lírica de tradição romântica.

Por sua vez, essas características aproximam a poesia de outras linguagens, como a pintura, os quadrinhos, o desenho industrial, o cinema, a publicidade, esgarçando as fronteiras discursivas e instalando situações de limiaridade das diversas linguagens. A repercussão desses procedimentos, em momentos posteriores, acentua as interlocuções discursivas, a intermidialidade, numa afirmação de que: "Hoje, toda mídia inclui outras, ou seja, remete a outras, no processo sígnico da comunicação e da significação" (PIGNATARI, 2000, p. 9).

Como performadores e designers de linguagens, os poetas do concretismo, na sua fase ortodoxa – e aqui destaco particularmente a posição de Décio Pignatari em relação aos demais componentes do grupo, pela sua atividade de publicitário –, valorizavam programaticamente as estratégias construtoras que possibilitavam acentuar o apagamento das marcas autobiográficas e autorais da sua produção, tendo em vista a afirmação de um projeto coletivo de produção literária. A desaparição elocutória do "eu", já dramatizada por Mallarmé, pode ser observada em vários poemas-cartazes desses escritores, e foram inicialmente divulgados na revista *Noigandres*, principal aglutinador dos poetas do concretismo.

É no âmbito dessas interlocuções que as questões biográficas ou autobiográficas foram rechaçadas nos textos integrantes do "Plano piloto para a poesia concreta". Passado esse período, observa-se um gradativo afrouxamento e liberação da subjetividade autoral, ou melhor, das subjetividades autorais, uma vez que se trata de um grupo de escritores.

Gonzalo Aguilar (2005), em suas já citadas reflexões sobre *Poesia concreta brasileira*, registra esse movimento de desrepressão do eu na produção de Haroldo de Campos, o qual passa a suportar novas personas, como o próprio sujeito poético, na medida em que elas são tratadas como efeito de ficção e não mais como expressão da idiossincrasia do poeta. Gonzalo inicia o capítulo intitulado "Haroldo de Campos: a transpoética" citando o início de *Galáxias*, poema escrito entre 1963 e 1976: "e começo aqui e meço aqui este começo e recomeço", e observando como a escrita abre o jogo do sentido e da existência. Aqui a pessoa do poeta inscreve seu "eu" poético como efeito da escrita e do espaço da página, flexibilizando-se por essa via aqueles critérios do momento inicial do concretismo, em que a matemática da composição aboliu a utilização dos pronomes pessoais, e também do verso. Em *Galáxias*, o impessoalismo antirromântico cede lugar para a intromissão do eu, da subjetividade e da própria noção de biografia e autobiografia.

Como já destacado, Décio Pignatari, em seu biobalanço, promove a recuperação de elementos biográficos e autobiográficos, construindo um memorialismo semiótico, no qual encena e dramatiza o retorno do autor ao palco da escrita. Na mencionada entrevista à revista *Cult, n. 38* (pp. 9 e ss), ele esclarece essa relação do escritor com a linguagem, elucidando, 50 anos depois de sua iniciação poética, outras possibilidades de conceber a biografia/autobiografia: "O escritor não pode referir-se à vida como se ela estivesse fora da sua escritura, embora, às vezes, sinta-se estar fora e, mesmo, por fora. Porém, muitos não têm ideia do que possa ser ou significar estar dentro da escritura, ou seja, ser um ser-de-linguagem".

Sob essa perspectiva memorialística podem ser lidos os trinta fragmentos (sessões) das fotoescrituras de *Errâncias*, ainda que, como afirmado anteriormente, na sua indecidibilidade, o texto se constitua como uma prosa poética, amalgamando um amontoado de histórias: da pintura, da literatura, da semiótica, da teoria, da amizade, do afeto, da cultura etc. Os textos de *Errâncias* intercomunicam-se no entre-espaço da afetividade e do saber.

Significativamente, já na primeira sessão do livro, intitulada "VOLPI", ao se referir ao pintor como "mestre" de uma ética estética de "signos irradiantes da austeridade criativa", Pignatari captura momentos de dificuldades vivenciados pelo artista, porém privilegia sobretudo a generosa amizade e o afeto, na caracterização do pintor: "Em sua nobreza camponesa, tinha sábios unguentos em poucas palavras, para crises íntimas de amigos". Revisitar o amigo-mestre, "que nunca estava distante: sempre estava onde estava", é trazer para o presente a sua "serena firmeza", estampada na foto de abertura da sessão, preenchendo grande parte do espaço negro da página, e se repete três vezes, no final do texto, em tamanho reduzido, com sombreamentos distintos, nos quais a nitidez da fisionomia vai sendo alterada, até transformar-se em uma figura esmaecida, inscrita na memória, como biografemas de uma pintura que, mesmo com "a emoção lembrada não logra vivificar aquele frêmito amoroso do espírito, que era o fervor que animava" o pensamento de Décio Pignatari no seu convívio com Alfredo Volpi e sua obra.

Ao captar a imagem de Volpi, o signo – a foto – acrescenta um dado inexistente na vida do pintor. A foto o surpreende segurando uma xícara com a mão esquerda, embora ele não fosse canhoto. E essa mão quase alheia invade o plano da foto, destacando a afetação indicativa do dedo mindinho, contracenando com a firmeza do olhar e do gesto capturados pela fotografia.

Se, como afirma Roberto Corrêa dos Santos (1999, pp. 137-152), em seu belíssimo ensaio "fotoescrituras", a fotografia paralisa, torna monumento o fluir das coisas, ela também pereniza o instante, tornando-o memória e existência. A fotografia atua sobre o real como uma intervenção gráfica, recortando-o, para imprimir rasuras e valores. Cada repetição, cada recorte, escolhe, hierarquiza e avalia.

Nessa perspectiva, as quase setenta fotografias utilizadas por Décio Pignatari para recompor as suas *Errâncias* constituem realidades virtuais – Roberto Corrêa dos Santos (1999, pp. 145 e ss) enfatiza que a realidade da foto é sempre virtual e nisso reside a sua força estética: "o semelhante não é o igual" –

que revelam biografemas de amigos e pessoas com as quais conviveu pessoalmente ou através da literatura – Stéphane Mallarmé, Jorge Luis Borges, Ezra Pound, João Cabral de Melo Neto, Oswald de Andrade, Tarsila do Amaral, Rogério Duprat, Roman Jakobson, Charles Sanders Peirce – e configuram também a fisionomia de um sujeito que recorta, seleciona, emoldura. Às vezes, esse sujeito deixa a sua assinatura naquilo que fotografa. Outras vezes, a foto aparece sem a assinatura e, para várias fotos, no final do livro, registra-se: "autoria anônima: sem registro de lembrança." Décio Pignatari embaralha esse procedimento ao escolher essas fotografias, apresentando os créditos no final do livro. Todavia, mesmo naquelas fotos sem a assinatura de Décio Pignatari, como as de Volpi, que são de Ivan Cardoso, assinala-se a interferência de Pignatari na seleção e no emolduramento da imagem através do signo verbal.

Ainda nessa perspectiva, merece destaque a fotoescritura da sessão intitulada "NOIGANDRES". Como no caso de "VOLPI", a foto da abertura ocupa grande parte do negro da página, e volta a ser utilizada no final do texto, com tamanho reduzido, porém não aparece repetida. É uma foto em preto e branco, de autoria de Klaus Werner. A escolha da imagem é primorosa, pois nela se registram, na postura das personalidades fotografadas – Augusto de Campos, Haroldo de Campos e Décio Pignatari –, os rastros de um passado que traduzem resíduos da atuação intelectual desses protagonistas da poesia concreta no Brasil. Olhar para o passado 50 anos depois, a partir do *flash* de uma máquina, mobiliza a potência sígnica da imagem transbordante em significações: o que se flagra são fluxos em tensão, atravessados no tempo, como suplementos de uma vivência histórica, literária, cultural, a qual a lógica do olhar reverte, em tempo de posterioridade, assim como o mundo fica invertido pela ótica da máquina. Como salienta Roberto Corrêa dos Santos (1999, p. 142), a fotografia torna o externo diverso e, no entanto, o mesmo, pois ela é o mesmo em diferença.

Pelo diálogo que se trava entre a imagem e o texto, e a maneira como Pignatari debruça o seu olhar sobre o passado, traduzindo-o no presente a partir da revisitação à sua própria história pessoal e intelectual, transcrevo o trecho inicial de "NOIGANDRES":

> Aí estão os protagonistas conscientes, facilmente identificáveis pelos interessados, de um crime poético longamente planejado, Osasco, 1952. Já vinham de quatro anos de confabulações catacúmbicas, essênios raivosos: poesia concreta. A calma, terrível fixidez de olhos e olhares olhados – e o sorriso nenhum; a formalidade amarfanhada, lencinhos nos bolsos dos paletós, minha pose *camiccia rossa*, atentamente relaxada. Em escala e escada, uma perfílica sombra conspiratória, tridêntica, remetendo a outra e outras; mãos macbethianas surrupiando-se nas sombras; um claro escuro de *film noir*, sinistras listras de uma bandeira (PIGNATARI, 1999, p. 45).

A posição rígida do corpo e do olhar, a sombra que se projeta dos rostos perfilados, tudo parece planificar a postura desses personagens, montando o diagrama de uma impositiva realidade fictícia ou metarrealidade, "uma fotorreportagem caseira para alguma posteridade futuro-dadá-surrealista", como define Pignatari (199, p. 46). No trecho citado anteriormente, a radicalidade da postura corporal, a fixidez dos olhares, a falta de sorriso, a formalidade, projetam as figuras fantasmáticas como se estivessem em uma espécie de *paredón* de fuzilamento, mas eles não são os fuzilados, "estão fuzilando". As mãos macbethianas denunciam a dimensão do delito cometido pela "guerrilha" cultural e literária promovida pelos concretistas. É no emolduramento dessa fotorreportagem que a força revolucionária da poesia concreta é exposta como um "crime poético".

Texto e imagem confluem para recuperar de forma contundente, irônica e parodística as ressonâncias das tensões e dos embates que os refluxos da revolução concretista impuseram ao cenário literário e cultural brasileiro da segunda metade do século XX. Ao olhar para a imagem, flagrada em 1952, Pignatari contempla a história, preenchendo os lapsos de significação acionados pelos signos do passado do seu memorialismo semiótico, e então conclui afirmando:

> Esta foto-figura, puro sentimento flagrado, deu e dá início, incessantemente, a um percurso-processo que a levou e está levando a um pensamento, a ela condenado a voltar, mas apenas eventualmente e de passagem, homenagem comovida e irônica ao que ela não mais pode ser (PIGNATARI, 1999, p. 47).

Cada sessão representa assim o instantâneo de um tempo revisitado através de um percurso-processo, como em uma espécie de estação de uma *via crucis*, onde o sujeito é convidado a refletir sobre a cena diante da qual se encontra. Se o tempo está inscrito nos signos – "não busque o tempo fora dos signos" –, como afirma Décio Pignatari (1999) nas suas incursões sobre a passagem do tempo na "Rua da estação", as fotos são esses signos que inscrevem o passado, atualizado no *flash* semiótico de cada estação.

A ideia de que o passado volta de forma diferida e jamais é o mesmo aparece em diversas sessões. O tempo torna-se assim uma das reflexões primordiais desse biobalanço, como na "RUA DA ESTAÇÃO", a rua da infância, revisitada anos depois. Transformada em uma cidade-subúrbio, aquela rua de tantas casas, tantos acontecimentos, esborrachou-se na memória da indiferença de um tempo perdido. "Como ter ficado tão feia a rua da minha infância e adolentude?" (PIGNATARI, 1999, p. 179), indaga esse sujeito diante da perplexidade de ver que o desenvolvimento urbano não preservou a lembrança do traçado anterior, impresso na rua da infância como um biotoponímio do passado. Não que Pignatari se posicione contra o desenvolvimento urbano, porém ele denuncia o domínio da ideologia sobre o urbanismo. Em "London, London", visualiza-se a cidade colossal e renovada, rica, globalizada, dando soluções econômicas a questões sociopolíticas. "Japão" capta a "monumentalidade econômica da economia, ascetismo final da primeira Revolução Industrial" (PIGNATARI, 1999, p. 123).

Na dinâmica tradutória de presentificar o passado, vez que "o passado também é dicionário" (PIGNATARI, 1999, p. 65), figuras relacionadas ao concretismo são trazidas à cena: poetas que constituíram o paideuma da poesia concreta, como Ezra Pound, Stéphane Mallarmé; integrantes do movimento concretista, como Waldemar Cordeiro, Luigi Nono, Kazmer Féjer, Erthos Albino de Souza; teóricos da semiótica, como Roman Jakobson e Charles Sanders Peirce, os quais também contribuíram para a disseminação das ideias de uma revolução sígnica concreta.

Se o tempo está inscrito nos signos, revisitar o passado é traduzir no presente as diversas territorialidades atravessadas pelo sujeito, esse "fotopoeta" que, com sua Voigtländer semiprofissional, ludibria situações, como a captura da imagem de Tarsila, flagrando na cumplicidade dos espelhos reveladores "a lastimável vaidade envergonhada" da "carne octogenária" (PIGNATARI, 1999, p. 21) dessa personagem do modernismo brasileiro. A vivência do escritor é perpassada pelos signos que recorta e monta. Nesse sentido, os "acidentes biotoponímicos" (PIGNATARI, 1999, p. 70) atestam a multiterritorialidade das errâncias pignatarianas através do tempo.

Na sessão intitulada "Mallarmé", o acidente biotoponímico é o túmulo de Mallarmé em Valvins, exposto em uma imagem na abertura da estação, tomando quase inteiramente o negro da página, e reproduzida em dois diferentes ângulos nas páginas subsequentes. O fragmento, no conjunto de seus signos – texto verbal e imagem visual – estabelece um intensivo diálogo com o poema "Le tombeau d'Edgar Poe", de Mallarmé. A atmosfera que circunda as imagens vem impregnada por um estado de ânimo da vida do poeta, no período no qual viveu em Tournon, exercendo aí a atividade de professor, porém vivendo agonisticamente o mistério da linguagem, da poesia e do "além-verbal". Em Tournon, Mallarmé é acometido de crise profunda, interpretada por Pignatari sem os contornos de uma crise espiritual, mas emoldurada pela planetária metamorfose da expansiva máquina capitalista pós-revolução industrial.

Nas reverberações prismáticas das ideias postas em circulação ressoa o poema "Le tombeau d'Edgar Poe", expandindo-se no trançado da fotoescritura, onde se delineia a função do poeta no "Seu século espantado": "Dar um sentido mais puro às palavras da tribo" (*Donner un sens plus pur aux mots de la tribu*) (CAMPOS *et al.*, 1974, pp. 66-67 e ss). Trata-se assim de uma galáctica explosão anímica reverberando através da linguagem, elevando a poesia "ao nível de uma física-matemática sensível", que confirma, pelo viés (auto)biográfico, a eleição do poeta francês como um paideuma do concretismo, o maior poeta-para-poetas; um Mallarmé revisto pela semiótica concreta, evocado agora como "meu guru do quase sempre, do grande e do pequeno" (PIGNATARI, 1999, p. 69).

Os embates teóricos e acadêmicos em torno da semiologia aparecem em "Jakobson" e "Peirce". Na evocação da figura de Jakobson, em uma de suas viagens ao Brasil, em 1968, confirma-se a atuação de Décio Pignatari no campo da semiótica, como um dos fundadores da Associação Internacional de Semiótica, em 1969, a convite de Jakobson, bem como a participação de ambos na fundação da revista *Semiótica*, e a indicação de Pignatari para uma das vice-presidências da revista, cargo ocupado por ele durante mais de 15 anos. Outras funções relacionadas à propagação da Semiótica, no Brasil e no exterior, foram realizadas por Pignatari, projetando-o como uma figura emblemática na difusão da Teoria Geral dos Signos.

De maneira provocativa, ratificando o tom dos debates ocorridos nos anos 1950-1970, são trazidas as tensões e estabelecidas as distinções entre a semiótica peirciana e a semiologia europeia de Roland Barthes, Umberto Eco, Algirdas Julius Greimas e Julia Kristeva, considerando-se como "verdadeiro escândalo científico e cultural a ridícula soberba europeia [...] ao ignorar ou fingir que ignorava Peirce" (PIGNATARI, 1999, p. 75). O fragmento "Peirce" acentua essa querela: "A semiologia europeia não é ciência, é crença, druidismo galo-búlgaro, e está para a semiótica peirciana como a *art déco* para o Bauhaus" (PIGNATARI, 1999, p. 52). É principalmente no fragmento "JAKOBSON", no qual as reflexões do docente e teórico da semiótica e da cultura são colocadas como questões intelectuais que ainda ressoam no biobalanço de *Errâncias*.

Décio Pignatari encontrou na teoria geral dos signos, de Charles Sanders Peirce, um modelo teórico produtivo para se pensar a literatura e a cultura, concebendo os mais variados objetos culturais como signos (em grego: *semeion*) e a Semiótica como "uma ciência que ajuda a 'ler' o mundo" (2004b, p. 15). Este é o título do capítulo inicial de um dos seus vários livros sobre Semiótica – *Semiótica e literatura* (2004b) –, no qual ele já colocava a indagação de como é possível uma ciência ser batizada com dois nomes (semiologia e semiótica), esclarecendo que, a rigor, é porque "ela teve dois pais": Ferdinand de Saussure, linguista suíço, e Charles Sanders Peirce, filósofo e matemático.

Embora Saussure não tenha criado a semiologia, como fundou a Linguística moderna, ele apontou para a necessidade de uma teoria geral dos signos que abarcasse a própria Linguística, pois o signo verbal sempre aponta para outras espécies de signos. A essa ciência, ele deu o nome de semiologia. Posteriormente, alguns teóricos como Roland Barthes, Umberto Eco, Julia Kristeva, Tzvetan Todorov, Algirdas Julius Greimas, ignorando as teorias de Peirce, utilizam conceitos da Linguística para o estudo dos demais sistemas de signo, instituindo assim a semiologia, na sua vertente europeia. Todavia, "na fúria classificatória bem francesa" (PIGNATARI, 2004b, pp. 17 e ss), cada um deles criou a sua semiologia, ou o seu modelo de análise semiológica, sempre dando primazia à palavra e ao verbal. É a esse confuso estatuto da semiologia que, em "Peirce", Pignatari ratifica a sua severa crítica à "verborragia acadêmica europeia".

Todavia, as críticas mais contundentes de Pignatari e dos demais componentes da poesia concreta contra essa semiologia estavam relacionadas ao fato de seus adeptos não terem percebido (perceberão 20 anos depois) que o que estava em causa era a lógica ocidental, apoiada no discurso verbal, montado através da predicação e de uma hierarquia lógica, cujos fundamentos são abalados e desconstruídos pela própria poesia e por todos os sistemas não verbais, organizados analogicamente por parataxe e em que todos os sintagmas possuem o mesmo nível hierárquico. Enquanto a semiologia estendia os conceitos da Linguística de Ferdinand de Saussure aos demais signos, Peirce, filósofo e lógico matemático norte-americano, concebeu o estudo da linguagem enquanto lógica – uma lógica dialética, e não a lógica aristotélica, conforme difundida pela vertente saussuriana – fundado num sistema de classificação dos signos, em que se encaixa o signo verbal. No sentido de abalar a lógica aristotélica, a poesia concreta dinamitou a frase, o encadeamento sintático padrão, para construir ideogramas, textos compostos pela justaposição de signos associados. Nessa perspectiva, em "nova poesia: concreta" (manifesto), de 1956, Décio Pignatari (2006, pp. 67-70) propõe uma "arte geral da linguagem", colocando o código verbal em fricção com os demais signos da comunicação: propaganda, imprensa, rádio, televisão, cinema, música, em face às exigências estéticas do mundo contemporâneo.

Cinquenta anos depois desse texto manifesto, *Errâncias* se inscreve em uma rede de constantes atravessamentos de signos (simbólicos, icônicos e índices), na qual linguagens em fricção convergem para montar um livro que pode ser sintetizado pela metáfora da "bakhtianização sígnica", cunhada pelo próprio Pignatari (1999, pp. 26-29) para definir a imagem de um *outdoor* – o beijo agônico – capturada no centro de Curitiba, em 1998. Nas errâncias sígnicas rememoradas por Décio Pignatari enquanto intelectual múltiplo – ficcionista (poeta, romancista, contista, dramaturgo), teórico, crítico, docente, publicitário, designer, fotopoeta – confluem diferentes fluxos, entrelaçando multiterritorialidades discursivas, produzindo um texto carnavalizado, com referências à linguagem da publicidade, do urbanismo, do computador (cf. "ERTHOS"), da fotografia, da música (cf. "NONO"), do boxe (cf. "PAULO DE JESUS"), do teórico da comunicação, do crítico da literatura e da cultura etc.

Segundo Pignatari (1999, p. 28), a literatura brasileira, ao contrário das artes plásticas e do design, está "moribundamente estagnada", esperando entrar em carnavalização criativa. No limiar do século XXI, *Errâncias*, na sua indecidibilidade, promove essa carnavalização sígnica, deslocando a pretensão de uma tipologia discursiva unitária e coesa.

Referências bibliográficas

ADORNO, Theodor. "Discurso sobre lírica e sociedade". In: COSTA LIMA, Luiz (org.). *Teoria da literatura em suas fontes*. Rio de Janeiro: Francisco Alves, 1975, pp. 343-354.

AGUILAR, Gonzalo. *Poesia concreta brasileira*: as vanguardas na encruzilhada modernista. São Paulo: Edusp, 2005.

ARENDT, Hannah. *A condição humana*. Tradução de Roberto Raposo. 10ª ed. Rio de Janeiro: Forense, 2005.

ARFUCH, Leonor. *O espaço biográfico*: dilemas da subjetividade contemporânea. Tradução de Paloma Vidal. Rio de Janeiro: EdUERJ, 2010.

ARISTÓTELES. *Poética*. Tradução de Eudoro de Souza. Porto Alegre: Globo, 1966.

ARTAUD, Antonin. *Le Théâtre et son Double*. Paris: Gallimard, 1964 (Idées).

BACHELARD, Gaston. *Le Nouvel Esprit Scientifique*. Paris: PUF, 1934.

BANDEIRA, Manuel. *Poesia completa e prosa*. Volume único, org. do autor. Rio de Janeiro: Nova Aguilar, 1993.

BARTHES, Roland. *Elementos de semiologia*. Tradução de Izidoro Blinkstein. São Paulo: Cultrix, 1971a.

_____. *Sade, Fourier et Loyola*. Paris: Seuil, 1971b.

_____. *Aula*. Tradução e posfácio de Leyla Perrone Moisés. São Paulo: Cultrix, 1980.

_____. *A câmara clara*. Tradução de Julio Castañon Guimarães, Rio de Janeiro: Nova Fronteira, 1984.

_____. *O prazer do texto*. Tradução de Maria Margarida Marahona. São Paulo: Edições 70, 1987a.

_____. *Rumor da língua*. Tradução de Antonio Gonçalves. Lisboa: Edições 70, 1987b (Coleção Signos).

_____. *Roland Barthes por Roland Barthes*. Tradução de Leyla Perrone-Moisés. São Paulo: Estação Liberdade, 2003.

BAUDELAIRE, Charles. *Poesia e prosa*. Volume único. Org. Ivo Barroso, Rio de Janeiro: Nova Aguilar, 1995 (Coleção Biblioteca Universal).

BENJAMIN, Walter. *Magia e técnica, arte e política*: ensaios sobre literatura e história da cultura. Tradução de Sérgio Paulo Rouanet. São Paulo: Brasiliense, 1987.

_____. *Um lírico no auge do capitalismo*. Tradução de José Carlos Barbosa e Hemerson Baptista. São Paulo: Brasiliense, 1989.

_____. *Passagens*. Tradução e org. de Willy Bolle. Belo Horizonte: Editora UFMG, 2006.

BENSE, Max. *Pequena Estética*. 3. ed. Tradução de Haroldo de Campos. São Paulo: Perspectiva, 2003 (Coleção Debates).

BRECHT, Bertold. *Estudos sobre teatro*: Para uma arte dramática não aristotélica. Tradução de Fiama Hasse Pais Brandão. Lisboa: Portugália, 1957.

CAMPOS, Augusto de. *Poesia, antipoesia, antropofagia*. São Paulo: Cortez e Moraes, 1978.

_____. *Linguaviagem*. São Paulo: Companhia da Letras, 1987.

CAMPOS, Augusto de; CAMPOS, Haroldo de. *Panorama do Finnegans Wake*. 4ª ed. rev. e ampl. São Paulo: Perspectiva, 2001.

CAMPOS, Haroldo de (org.). *Ideograma*: lógica, poesia, linguagem. São Paulo: Cultrix; Edusp, 1977.

_____. *Metalinguagem e outras metas*. 4ª ed. São Paulo: Perspectiva, 1992.

_____. *Galáxias*. 2ª ed. revista. Org. Trajano Vieira. São Paulo: Editora 34, 2004.

_____. *A arte no horizonte do provável*. 5ª ed. São Paulo: Perspectiva, 2010.

_____. *O sequestro do Barroco na formação da literatura brasileira*: o caso Gregório de Matos. São Paulo: Iluminuras, 2011.

_____. *Reoperação do texto*: obra revista e ampliada. 2ª ed. São Paulo: Perspectiva, 2013a.

_____. *A educação dos cinco sentidos*. São Paulo: Iluminuras, 2013b.

CAMPOS, Augusto de; CAMPOS, Haroldo de: PIGNATARI. Décio. *Mallarmé*. São Paulo: Perspectiva/Edusp, 1974 (Coleção Signos, vol. 2).

_____. *Teoria da poesia concreta*: textos críticos e manifestos, 1950-1960. São Paulo: Ateliê Editorial, 2006.

CANCLINI, Nestor Garcia. *Consumidores e cidadãos*: conflitos multiculturais da globalização. Rio de Janeiro: Editora UFRJ, 2001.

COELHO, Frederico (org.). "A multiplicidade de Silviano Santiago". *In: Silviano Santiago*. Rio de Janeiro: Beco do Azougue, 2011 (Coleção Encontros).

CUNHA, Eneida Leal. *Literatura comparada*: alternativa institucional ou contingência finissecular? *In*: CUNHA, Eneida Leal; SOUZA, Eneida Maria de (org.). *Literatura comparada*. Salvador: EDUFBA, 1996.

_____. Intermediações. *In*: MENDES, Cleise Furtado. *Lábaro estrelado; Bocas do inferno; O bom cabrito berra*. Salvador: Secult, 2003a (Coleção Dramaturgia da Bahia).

_____. "A boa conspiração cultural". *In*: MENDES, Cleise Furtado. *Castro Alves; Marmelada: uma comédia caseira; Noivas*. Salvador: Secult, 2003b (Coleção Dramaturgia da Bahia).

_____ (org.). *Leituras críticas sobre Silviano Santiago*. Belo Horizonte: Editora UFMG/São Paulo: FPA, 2008.

DELEUZE, Gilles. *Lógica do sentido*. Tradução de Luiz Roberto Salina Forte. São Paulo: Perspectiva/Edusp, 1974.

_____. *Nietzsche e a filosofia*. Tradução de Edmundo Dias e Ruth Dias. Rio de Janeiro: Editora Rio, 1976 (Coleção Semeion, vol. 4).

_____. *Nietzsche*. Tradução Alberto de Campos. Lisboa: Edições 70, 2007 (Coleção Biblioteca Básica de Filosofia).

DELEUZE, Gilles; GUATTARI, Félix. *Kafka*: por uma literatura menor. Tradução de Júlio Castañon Guimarães. Rio de Janeiro: Imago, 1977 (Coleção Logoteca).

_____. *Mil platôs*: capitalismo e esquizofrenia. Tradução de Ana Lúcia Oliveira, Aurélio Guerra Neto e Célia Pinto Costa. Vol. 1. 2ª ed. São Paulo: Editora 34, 2011 (Coleção Trans).

DERRIDA, Jacques. *A escritura e a diferença*. Tradução de Maria Beatriz Marques Nizza da Silva. São Paulo: Perspectiva, 1971 (Coleção Debates).

_____. *Gramatologia*. Tradução de Miriam Schnaiderman e Renato Janine Ribeiro. Vol. 16. São Paulo: Perspectiva/Edusp, 1973 (Coleção Estudos).

_____. *Otobiographies*: Lenseignement de Nietzsche et la Politique du Nom Propre. Paris: Galilée, 1984.

_____. *A farmácia de Platão*. Tradução de Rogério Costa. São Paulo: Iluminuras, 1991 (Coleção Pólen).

_____. *Torres de Babel*. Tradução de Junia Barreto. Belo Horizonte: Editora UFMG, 2002.

DOUBROVSKY, Serge. *Fils*. Paris: Grasset, 1977.

ELIOT, T. S. _____. *To Criticize the Critic and Other Writings*. Nova York: Farrar, Straus and Giroux, s.d.a.

_____. *The Art of Poetry*. Tradução do francês de Denise Folliot. Nova York: Vintage Books, s.d.b.

_____. "Leçon de Valéry". In: *Paul Valéry Vivant*. Paris: Cahier du Sud, 1956.

_____. *The Use of Poetry and the Use of Criticism*. Londres: Faber and Faber, 1970.

_____. "A função social da poesia". In: _____. *De poesia e poetas*. São Paulo: Brasiliense, 1991.

FIGUEIREDO, Eurídice. "Régine Robin: autoficção, bioficção, ciberficção". In: "Ipotesi". *Revista de estudos literários*. Vol. 11, n. 2, jul./dez. 2007, Juiz de Fora: Editora UFJF, 2007.

FOSTER, Hal. *O retorno do real*: a vanguarda no final do século XX. Tradução de Célia Euvaldo. São Paulo: Cosac Naify, 2014.

FOUCAULT, Michel. *A arqueologia do saber*. Tradução de Luiz Felipe Baeta Neves. Petrópolis: Vozes, 1972 (Coleção Epistemologia e Pensamento Contemporâneo).

_____. *Nietzsche, Marx e Freud, Theatrum Philosophicum*, 4ª ed. Tradução de Jorge Lima Barreto. São Paulo: Princípios, 1987.

_____. *O que é um autor?* Prefácio de José A. Bragança de Miranda e Antonio Fernando Caiscais. Tradução de Antonio Fernando Caiscais e Edmundo Cordeiro. Lisboa: Passagens, 1992.

_____. *A ordem do discurso*. Tradução de Laura Fraga de Almeida Sampaio. Lisboa: Relógio D'Água, 1997.

_____. *Microfísica do poder*. 6ª ed. Tradução de Lilian Holzmeister *et alii*. Organização, introdução e revisão técnica de Roberto Machado. Rio de Janeiro/São Paulo: Paz e Terra, 2017.

FREUD, Sigmund. *A interpretação dos sonhos*. Vols. 4 e 5. Tradução de Walderedo I. de Oliveira. Rio de Janeiro: Imago, 1972 [Edição standard brasileira das obras psicológicas completas de Sigmund Freud].

_____. *Essais de Psycachanalise appliquée*. Tradução de Marie Bonaparte e E. Marry. Paris: Gallimard, 1975.

FREADMAN, Richard e MILLER, Seumas. *Repensando a teoria*: uma crítica da teoria literária contemporânea. Tradução de Aguinaldo J. Gonçalves e Álvaro Hattnher. São Paulo: Editora Unesp, 1994 (Coleção Biblioteca Bonita).

FRIEDRICH, Hugo. *Estrutura da lírica moderna*; da metade do século XIX a meados do século XX. São Paulo: Duas Cidades, 1978.

GASPARINI, Philippe. Autoficção é o nome de quê? *In*: NORONHA, Jovita Maria Gerheim (org.). *Ensaios sobre a autoficção*. Tradução de Jovita Maria G. Noronha e Maria Inês Coimbra Guedes. Belo Horizonte: Editora UFMG, 2014 (Coleção Babel).

GOMES, Renato Cardeiro. "O drama: modos de usar". *In*: MENDES, Cleise Furtado. *As estratégias do drama*. Salvador: EDUFBA, 1995.

GRAMSCI, Antonio. *Os intelectuais e a organização da cultura*. 4ª ed. Tradução de Carlos Nelson Coutinho. Rio de Janeiro: Civilização Brasileira, 1982.

GROSSMANN, Judith. *A obra estruturada*: modelo e antimodelo na literatura contemporânea. Salvador: UFBA, 1973. Mimeografado.

_____. "A noite estrelada". In. _____. *A noite estrelada*: estórias do ínterim. Rio de Janeiro. Francisco Alves, 1977.

_____. "Três tipos de poética". *In: Universitas*. Salvador: EDUFBA, n. 19, 1978.

_____. *Temas de teoria da literatura*. São Paulo: Ática, 1982 (Coleção Ensaios, 79).

_____. *Cantos delituosos romance*. Rio de Janeiro: Nova Fronteira/Brasília: INL, 1985.

_____. "Oficina amorosa: depoimento." *Estudos linguísticos e literários*, Salvador, Edufba, n. 15, 1993.

_____. *Meu amigo Marcel Proust romance*. Salvador: Fundação Casa Jorge Amado, 1995 (Coleção Casa de Palavras).

_____. "ABC de *Grande sertão: veredas* 40 anos depois". *Estudos linguísticos e literários*, Salvador, EDUFBA, n. 21/22, jun./dez., 1998.

_____. "Esplendor no milharal." In: _____. *Pátria de histórias*: contos escolhidos de Judith Grossmann. Sel. e org. Lígia Telles. Rio de Janeiro: Imago/Salvador: Funceb, 2000 (Coleção Bahia: Prosa e Poesia).

HALL, Stuart. *A identidade cultural na pós-modernidade*. Tradução de Tomaz Tadeu Silva e Guacira Lopes Louro. 7ª ed. Rio de Janeiro: DP&A, 2003.

HOISEL, Evelina. *A leitura do texto artístico*. Salvador: EDUFBA, 1996 (Coleção Pré-Textos).

_____. "A disseminação dos limiares nos discursos da contemporaneidade." In: CARVALHAL, Tânia (org.). *Culturas, contextos e discursos*: limiares críticos no comparatismo. Porto Alegre: Editora da UFRGS, 1999.

_____. *Grande sertão: veredas* – uma escritura biográfica. Salvador: Assembleia Legislativa do Estado da Bahia/Academia de Letras da Bahia, 2006.

_____. "Silviano Santiago e seus múltiplos". In: CUNHA, Eneida Leal (org.). *Leituras críticas sobre Silviano Santiago*. São Paulo: Fundação Perseu Abramo/Belo Horizonte: Editora UFMG, 2008 (Coleção Intelectuais do Brasil).

_____. "Questões biográficas na rede de escritas do intelectual múltiplo". In: TELLES, Célia Marques; BORGES, Rosa (orgs.). *Filologia, crítica e processos de criação*. Curitiba: Appris, 2012.

_____. "A imprescindível metodologia da literatura comparada". In: XIII Congresso Internacional da Abralic. *Anais do XIII Congresso Internacional da* Abralic. Vol. 1, n. 2, Campina Grande, PB: Editora Realize, 2013. Disponível em <www.editorarealize.com.br/revistas/abralicinternacional/trabalhos/Completo_Comunicacao_oral_idinscrito_1222_066bb5903487abc3a1b0c8af83f446bf.pdf>. Acesso em 12/4/2015.

JAKOBSON, Roman. *Linguística e comunicação*. Tradução de Izidoro Blikstein e José Paulo Paes. São Paulo: Cultrix, 1975.

LEJEUNE, Philippe. *Le Pacte Autobiographique*. Paris: Seuil, 1975.

LÉVI-TRAUSS, Claude. *Antropologia estrutural*. Tradução de Chaim Samuel Katz. Rio de Janeiro: Tempo Brasileiro, 1967.

LIMA, Luiz Costa. "Haroldo, o multiplicador". In: MOTTA, Leda Tenório da (org.) *Céu acima*: para um *tombeau* de Haroldo de Campos. São Paulo: Perspectiva, 2005.

MENDES, Cleise Furtado. *Ágora*: praça do tempo. Salvador: FCEBA, 1979.

_____. *As estratégias do drama*. Salvador: EDUFBA, 1995.

_____. *Senhora dona Bahia*: poesia satírica de Gregório de Matos. Salvador: EDUFBA, 1996.

_____. *Gregório em revista*. Salvador: Secult, 2003a, pp. 115-116 (Coleção Dramaturgia da Bahia).

_____. *A terceira manhã*. Rio de Janeiro: Imago/Salvador: Funceb, 2003b (Coleção Bahia: Prosa e Poesia).

_____. *Castro Alves; Marmelada: uma comédia caseira; Noivas*. Salvador: Secult, 2003c (Coleção Dramaturgia da Bahia).

_____. *Lábaro estrelado; Bocas do inferno; O bom cabrito berra*. Salvador: Secult, 2003d (Coleção Dramaturgia da Bahia).

_____. *A gargalhada de Ulisses*: a catarse na comédia. São Paulo: Perspectiva, 2008.

_____. *Dois de julho*: a guerra da alforria. Salvador: Caramurê, 2014.

_____. *Joana D'Arc*. Peça em dois atos. Salvador: EDUFBA, 2015 (Coleção Dramaturgia da Bahia).

_____; LINHARES, Haydil. *As feministas de Muzenza*, 2007.

MIRANDA, Carlos Eduardo Ortolon. "Literatura é paradoxo." Disponível em <www.pphp.uol.com.br/tropico/html/textos/2375,1.shl>. Acesso em 30/10/2017.

MORICONI, Ítalo. *Ana Cristina César*: o sangue de uma poeta. Vol. 14. Rio de Janeiro: Relume Dumará, 1996 (Coleção Perfis do Rio).

NASCIMENTO, Evando. *Derrida e a literatura*. Notas de literatura e filosofia nos textos da desconstrução. Rio de Janeiro: Eduff, 1999.

_____. "Desconstruindo Sofia: apontamentos de uma aula imaginária" *Sofia* (UFES) nº 8, 2001/2002.

_____. *Derrida*. Rio de Janeiro: Zahar, 2004.

_____. *Retrato desnatural:* (diários – 2004 a 2007). Rio de Janeiro: Record, 2008.

_____. "Matérias primas: da autobiografia à autoficção – ou vice-versa". *In*: NASCIF, Rose Mary Abraão e LAGE, Verônica Lucy Coutinho (orgs.). *Literatura, crítica e cultura IV*: interdisciplinaridade. Juiz de Fora: UFJF, 2010.

_____. *Cantos do mundo*. Rio de Janeiro: Record, 2011.

_____. "Retrato do autor como leitor". Conferência pronunciada na Academia de Letras da Bahia em 18 de novembro de 2011 (inédita).

_____. "A Portrait of the Author as a Reader". Tradução de Anthony Lennard. *In*: ROCHA, João Cezar de Castro (org.). *Lusofonia and its Futures*. Dartmouth: Tagus Press, 2013 (Portuguese Literary & Cultural Studies, 25).

NIETZSCHE, F. *Origem da tragédia*. 2ª ed. Tradução de Álvaro Ribeiro. Lisboa: Guimarães, 1972.

_____. *Ecce homo*: como alguém se torna o que é. Tradução de Paulo César Souza. São Paulo: Max Limonad, 1985.

_____. *Segunda consideração intempestiva*: da utilidade e desvantagem da história para a vida. Vol. 20. Tradução de Marco Antonio Casanova. Rio de Janeiro: Relume Dumará, 2003 (Coleção Conexões).

_____. *Escritos sobre História*. Vol. 34. Tradução, apresentação e notas: Noéli Correia de Melo Sobrinho. Rio de Janeiro: Editora PUC-Rio/São Paulo: Loyola, 2005 (Coleção Teologia e Ciências Humanas).

_____. *Genealogia da moral*: uma polêmica. 1ª reimp. Tradução, notas e posfácio de Paulo César de Souza. São Paulo: Companhia de Bolso, 2010.

_____. *Assim falou Zaratustra*: um livro para todos e para ninguém. Tradução de Mário da Silva. Rio de Janeiro: Civilização Brasileira, 2014.

NORONHA, Jovita Maria Gerheim (org.). *Ensaios sobre a autoficção*. Tradução Jovita Maria G. Noronha e Maria Inês Coimbra Guedes. Belo Horizonte: Editora UFMG, 2014 (Coleção Babel).

PAZ, Octavio. *Signos em rotação*. Tradução de Sebastião Uchoa Leite. São Paulo: Perspectiva, 1972.

PERFIL & OPINIÃO. Disponível em <www.irdeb.ba.gov.br/tve/catalogo/media/view/6339>. Acesso em 30/10/2017.

PEIRCE, Charles Sanders. *Semiótica*. Tradução de José Teixeira Coelho Neto. São Paulo: Perspectiva, 2012.

PERRONE, Charles A. "Laudas, lances, lendas e lembranças: Haroldo na Austineia desvairada". *In: Transluminura*. n. 1. São Paulo: Governo do Estado de São Paulo/Casa das Rosas, 2013. Disponível em <www.issuu.com/casadasrosas/docs/transluminurak1>. Acesso em 30/10/2017.

PIGNATARI, Décio. *Cultura pós-nacionalista*. Rio de Janeiro: Imago, 1998.

_____. *Errâncias*. São Paulo: Editora Senac, 1999.

_____. "Entrevista a Carlos Adriano. O poeta Décio Pignatari fala de *Errâncias*, sua obra de memorialismo semiótico". *In*: Revista *Cult 38. Revista Brasileira de Literatura Comparada*, São Paulo: Ano IV, set. 2000.

_____. *Poesia pois é poesia:* 1950-2000. São Paulo: Ateliê Editorial/ Campinas: Editora Unicamp, 2004a.

_____. *Semiótica & literatura*. 6ª ed. São Paulo: Ateliê Editorial, 2004b.

_____. *Contracomunicação*. São Paulo: Ateliê Editorial, 2004c.

_____. *Informação, linguagem, comunicação*. 29ª ed. São Paulo: Ateliê Editorial, 2008.

_____. *Informação. Linguagem. Comunicação*. 3ª ed. São Paulo: Ateliê Editorial, 2008a

_____. *O que é comunicação poética?* 8ª ed. São Paulo: Ateliê Editorial, 2008b.

_____. *O rosto da memória*. São Paulo: Ateliê Editorial, 2014.

PLATÃO. *Diálogos*. Vol. 9. Tradução de Carlos Alberto Nunes. Belém: Editora da UFPA, 1973 (Coleção Amazônicas, série Farias Brito).

POE, Edgar Allan. *Ficção completa, poesia & ensaios*. Vol. único. Organização, tradução e anotações de Oscar Mendes, com colaboração de Milton Amado. Rio de Janeiro: Nova Aguilar, 1997.

POUND, Ezra. *A arte da poesia*: ensaios escolhidos. Tradução de Heloisa de Lima Dantas e José Paulo Paes. São Paulo: Cultrix, 1976.

PUCHEU, Alberto. *Roberto Corrêa dos Santos:* o poema contemporâneo enquanto o "ensaio-teórico-crítico-experimental". s/l: Grandes Mestres, 2012 (Coleção Pensamento Brasileiro).

REZENDE, Renato; SANTOS, Roberto Corrêa dos. *No contemporâneo:* arte e escrituras expandidas. Rio de Janeiro: Circuito/Faperj, 2011.

RISÉRIO, Antonio. *Ensaio sobre o texto poético em contexto digital*. Salvador: Fundação Casa de Jorge Amado; Copene, 1998 (Coleção Casa de Palavras).

SAID, Edward W. *Representações do intelectual*: As conferências Reith de 1993. Tradução de Milton Hatoum. São Paulo: Companhia das Letras, 2005.

SANT'ANNA, Affonso Romano de. *Análise estrutural de romances brasileiros*. Petrópolis: Vozes, 1973.

_____. *Poesia sobre poesia*. Rio de Janeiro: Imago, 1975.

_____. *Música popular e moderna poesia brasileira*. Petrópolis: Vozes, 1977.

_____. *A grande fala do índio guarani perdido na história e outras derrotas* (Moderno Popol Vuh). Rio de Janeiro: Summus, 1978.

_____. *O canibalismo amoroso*: o desejo e a interdição em nossa cultura através da poesia. São Paulo: Brasiliense, 1984.

_____. Entrevista concedida a Anazildo Vasconcelos da Silva. *Linha de Pesquisa/* UVA. Rio de Janeiro, vol. 2, n. 2 (out./2001).

_____. "Poesia sobre poesia". In: *Poesia reunida*: 1965-1999. Vol. 1. Porto Alegre: L&PM, 2004a.

_____. "A grande fala do índio guarani perdido na história e outras derrotas". In: *Poesia reunida*: 1965-1999. Vol. 1. Porto Alegre: L&PM, 2004b.

_____. *Música popular e moderna poesia brasileira*. 4ª ed. rev. e ampl. São Paulo: Landmark, 2004c.

SANTIAGO, Silviano. *Uma literatura nos trópicos*. São Paulo: Perspectiva, 1978.

_____. *Em liberdade*. Rio de Janeiro: Paz e Terra, 1981.

_____. *Vale quanto pesa*: ensaios sobre questões político-culturais. Rio de Janeiro: Paz e Terra, 1982.

_____. *O olhar*. São Paulo: Global, 1983.

_____. *Nas malhas da letra*. São Paulo: Companhia das Letras, 1989.

_____. *Stella Manhattan*. Rio de Janeiro: Rocco, 1991.

_____. *Uma história de família*. Rio de Janeiro: Rocco, 1992.
_____. *Viagem ao México*. Rio de Janeiro: Rocco, 1995.
_____. Democratização no Brasil – 1979-1981: cultura *versus* arte). In: ANTELO, Raul *et al.* (orgs.) *Declínio da arte, ascensão da cultura*. Florianópolis: Abralic/Letras Contemporâneas, 1998.
_____. *O cosmopolitismo do pobre*. Belo Horizonte: Editora UFMG, 2004a.
_____. *O falso mentiroso*. Rio de Janeiro: Rocco, 2004b.
_____. *Histórias mal contadas*. Rio de Janeiro: Rocco, 2005.
_____. *Heranças* Rio de Janeiro: Rocco, 2008.
_____; FROTA, Lélia Coelho. *Carlos & Mário*: correspondência completa. Rio de Janeiro: Bem-Te-Vi, 2002.
SANTOS, Roberto Corrêa. *Para uma teoria da interpretação*: semiologia, literatura e interdisciplinaridade. Rio de Janeiro: Forense, 1989.
_____. *Tais superfícies: estética e semiologia*. Rio de Janeiro: Otti, 1998.
_____. *Modos de saber, modos de adoecer*. Belo Horizonte: Editora UFMG, 1999.
_____. *O livro fúcsia de Clarice Lispector*. Rio de Janeiro: Otti, 2001.
_____. *Matéria e crítica*. Vol. 1. Rio de Janeiro: 7 Letras, 2002 (Coleção Escritas Universitárias).
_____. *Obra*. Rio de Janeiro: Elo, 2006.
SARLO, Beatriz. *Tempo passado*: cultura da memória e guinada subjetiva. São Paulo: Companhia das Letras, 2007.
SOUZA, Eneida Maria de. *Crítica cult*. Belo Horizonte: Editora UFMG, 2002.
_____. *Tempo de pós-crítica*. Belo Horizonte: Veredas e Cenários, 2007 (Coleção Obras em Dobras).
_____. *Janelas indiscretas*: ensaios de crítica biográfica. Belo Horizonte: Editora UFMG, 2011.

STAROBINSKI, Jean. *Jean-Jacques Rousseau*: a transparência e o obstáculo. Seguido de *Sete ensaios sobre Rousseau*. Tradução de Maria Lúcia Machado. São Paulo: Companhia das Letras, 1991.

SZONDI, Peter. *Teoria do drama moderno*. São Paulo: Cosac Naify, 2002.

TELLES, Lígia. *O périplo de Judith Grossmann*. Salvador: EDUFBA, 2011.

VALÉRY, Paul. *Oeuvres*. Édition établi et annotée par Jean Hytier. Paris: Gallimard, 1957 (Collection Bibliothéque de la Pléiade).

_____. "Le Cimetière Marin." In: *Charmes*. Paris: Larousse, 1975a.

_____. "À Propos du 'Cimetière Marin'. In: *Charmes*. Paris: Larousse, 1975b.

_____. "Stéphane Mallarmé." In: *Varieté*. Paris: Bibliothèque de la Pléiade, 1975c.

_____. *Variedades*. Tradução de Maíza Martins de Siqueira. Org. e introd. de João Alexandre Barbosa. São Paulo: Iluminuras, 1991.

_____. *Eupalinos ou O arquiteto*. Tradução de Olga Reggiani. 2ª ed. São Paulo: Editora 34, 1999.

Agradecimentos

A Evando Nascimento, agradeço inicialmente pelo convite para participar da coleção. Gratidão ainda maior pela maneira delicada e serena com que acompanhou a minha travessia de vida. Não fosse a sua compreensão e solidariedade de amigo, este livro talvez não existisse; a Pedro Alaim, meu reconhecimento pelo trabalho nas diversas etapas de preparação do livro, com seu olhar cuidadoso, e pelo entusiástico incentivo; a Marisa Falcão, leitora astuciosa e migrante, pelas sugestões no momento de ordenação dos ensaios; a Lígia Telles e Antonia Herrera, pelo compartilhamento do saber e do afeto durante tantos anos, na esfera da docência e da pesquisa no Instituto de Letras da UFBA; aos bolsistas de iniciação científica e aos orientandos do projeto *O escritor e seus múltiplos: migrações*, pela renovada alegria das suas inquietantes presenças; ao CNPq, pela bolsa de produtividade, fundamental para a realização da pesquisa.

*O texto deste livro foi composto em
Swift LT Std, corpo 10/15.
A impressão se deu sobre papel off-white
pelo Sistema Cameron da Divisão Gráfica
da Distribuidora Record.*